सफलता की रामायण

मुकेश दुबे

समर्पण

यह पुस्तक हर उस व्यक्ति को समर्पित हैं जो अपने जीवन में सफलता प्राप्त करना चाहते हैं। मैं, आप और हम सभी इस संसार में किसी न किसी लक्ष्य को प्राप्त करने के लिए आए हैं। हमारा जन्म केवल इस संसार में घूमने-फिरने के लिए नहीं हुआ हैं बल्कि एक लक्ष्य प्राप्ति के लिए हुआ है। लेकिन हम अपने उसी लक्ष्य से परिचित नहीं हैं!

कई बार अपने लक्ष्य से परिचय हो जाने के बाद भी हम सफल नहीं हो पाते हैं क्यूंकि हमें पता ही नहीं हैं की हमें अपना लक्ष्य प्राप्त कैसे करना हैं? हम सफल इसलिए भी नहीं हो पाते हैं क्यूंकि हम अपने जीवन में अनुशासन का पालन नहीं करते हैं। सफल होने के लिए आपका अपने जीवन में गंभीर होना अति आवश्यक हैं।

हम खूब पैसे और नाम कमाना चाहते हैं। लेकिन हमारा व्यक्तित्त्व ही ऐसा हैं की हम जाने-अनजाने में कुछ ना कुछ गलतियां कर बैठते हैं। हमारी सफलता पूरी तरह से केवल हमारे अपने कर्म और हमारे सही निर्णय पर टिकी होती हैं।

इस पुस्तक में वो रहस्य हैं, जो हम सभी जानते हैं, लेकिन दैनिक जीवन की भाग-दौड़ में इन सभी बातो को भूल जाते हैं। हम उसका सही तरह से प्रयोग ही नहीं कर पाते हैं। सफल होने के लिए इस संसार से बाहर का कोई फॉर्मूला नहीं हैं। वो सब कुछ आपके भीतर हैं। वो सब कुछ आप जानते हैं। लेकिन जानकर अंजान हैं। अज्ञान है। हमारी यही अज्ञानता ही हमारी सफलता की सबसे बड़ी बाधक हैं।

पुस्तक का नाम 'सफलता की रामायण', सफल होना है तो श्री राम जैसा बनो ! इसे पढ़कर ही आप समझ जायेंगे की इस पुस्तक में क्या-क्या हो सकता हैं ! जिसके जीवन में 'राम नाम' की नैया जुड़ जाएं वो बड़े से बड़ा महासागर भी हनुमान जी की भांति लांघ सकता हैं। हम सभी को अपने जीवन में किसी ना किसी को अपना गुरु बनाना पड़ता हैं। बिना गुरु के आप इस संसार में कुछ भी प्राप्त नहीं कर सकते हैं! गुरु कोई भी हो सकता हैं। आपके स्कूल के टीचर, आपके माता-पिता, आपके भाई-बहन, आपका मित्र, आपका पड़ोसी। हर किसी से आप कुछ ना कुछ तो सीख ही लेते हैं।

लेकिन प्रभु श्री राम को आपने गुरु बना लिया तो आप केवल इस जीवन में सफलता ही नहीं प्राप्त करेंगे बल्कि आपको मोक्ष की प्राप्ति भी हो जाएगी। इस पुस्तक में प्रभु श्री राम के उन सोलह गुणों को आधार बनाकर वो बातें लिखी गयी हैं। प्रभु श्रीराम के जीवन को तो हम जानते हैं लेकिन उनके सोलह गुणों के बारे में बहुत ही कम लोग जानते हैं। बस, प्रभु श्रीराम के उन्ही गुणों को आधार बनाकर हम इस पुस्तक में उन्ही बातो पर बात करनेवाले हैं जो आप जानते हैं लेकिन उस पर चलते नहीं हैं। सफल जीवन के लिए आदर्श इंसान बनना आवश्यक होता हैं। आप प्रभु श्री राम को जानते हैं लेकिन उनके नाम और उनके गुण जुड़ जाएं तो पुस्तक पढ़ने की इच्छा और भी तीव्र हो जाती हैं।

ये कोई धार्मिक पुस्तक नहीं हैं। इस पुस्तक को धर्म का आईना लगाकर बिलकुल मत पढ़ना। श्री राम सभी के हैं। इस संसार में श्री राम का जन्म मानव कल्याण के लिए और एक आदर्श व्यक्ति कैसा होना चाहिए उसके लिए हुआ था। बाकी असुरों का विनाश तो श्री राम की कहानी में एक छोटी सी सफलता मात्र हैं। श्री राम एक पुत्र के रूप में, एक पति के रूप में, एक मित्र के रूप में किन-किन आदर्शों को

स्थापित करते हैं वो सब कुछ उनके जीवन से हम सीख सकते हैं। और यही चीज़े हमारे अपने जीवन को सफल बनाने में कितनी सहायक हो सकती हैं ये बात आप इस पुस्तक को पढ़ने के बाद समझ सकते हैं।

क्रम-सूची

प्रस्तावना

परिवार का धन्यवाद
जय श्री राम हर हर महादेव
हम सभी ईश्वर की संतान है। उसी ईश्वर ने
धरती पर परिवार के रूप में ईश्वर समान
माता-पिता और प्रेम करनेवाले भाई वरदान
में दिए हैं। मेरे हर कार्य की सफलता में
मेरे परिवार का अतुलनीय योगदान रहा हैं।
परिवार से बढ़कर इस संसार में कोई भी
धन-संपदा नहीं होती हैं। परिवार को साथ
लेकर चलनेवाला, माता-पिता और बड़े
भाईयों का आशीर्वाद ही आपको जीवन की
हर मुश्किल घड़ी से बाहर भी निकालता हैं
और सफलता भी दिलवाता हैं।

भूमिका

भूमिका

इस संसार में जिस मनुष्य ने जन्म लिया हैं वो सफल होना चाहता है। सफलता क्या हैं? नाम, यश, कीर्ति, गौरव, गाथा। लेकिन हर मनुष्य सफलता प्राप्त नहीं कर पाता है। क्यों? आखिर, उसके पास भी तो दिन के चौबीस घंटे है। जो सोच, समझ, ज्ञान ईश्वर ने किसी एक मनुष्य को दी हैं वही आपको भी प्राप्त है। फिर ऐसी क्या त्रुटि हो जाती हैं की दूसरा सफल हो जाता हैं और आप दरिद्र रूपी जीवन व्यतीत करने को मज़बूर हो जाते है ?

सफल होने के लिए आपने कई तरह की मोटिवेशनल किताबें पढ़ ली हैं। किसी सफल व्यक्ति का परामर्श भी ले लिया है। तरह-तरह के मोटिवेशनल सेमिनार में जाकर ज्ञान भी अर्जित कर लिया लेकिन सफलता हाथ नहीं लग रही हैं।

जानते हैं इसका कारण क्या है? क्यों आप लगातार असफल हो रहे है? क्यूंकि आपने ज्ञान का अमृत पान तो कर लिया हैं लेकिन वो आपके गले के नीचे अभी तक नहीं उतर सका है! अर्थात, आपने उस ज्ञान का सही ढंग से प्रयोग नहीं किया है। आपके पास युद्ध लड़ने का शस्त्र तो हैं लेकिन शस्त्र चलाने का तरीका नहीं पता है। ज्ञान का प्रयोग कब, कहाँ, कैसे और किस तरह से करना हैं, ये आपको नहीं आता है।

जब तक आप अपने जीवन में एक आदर्श व्यक्ति नहीं बन जाते हैं, अनुशासन को सही ढंग से अपने जीवन का हिस्सा नहीं बनाते हैं, तब तक आप पूरी उम्र इसी तरह से धक्के खाते रहेंगे। आपका जीवन तो चल रहा हैं लेकिन आप किसी मृत इंसान से कम नहीं है। आपके अपने जीवन का कोई लक्ष्य नहीं है। आप इस संसार में क्यों आये हैं? क्या करना हैं? आपको पता ही नहीं है। और जिस मनुष्य को स्वयं अपने बारे में, अपनी शक्ति के बारे में नहीं पता हैं ! फिर उसे अपने लक्ष्य और सफलता के

बारे में क्या ही पता होगा?

आपको केवल आदर्श व्यक्ति नहीं बनना है बल्कि उन आदर्शों को अपने जीवन में सही तरह से प्रयोग में भी लेकर आना है। प्रभु श्री राम से बढ़कर इस संसार में कोई आदर्श व्यक्ति नहीं है। उन्हें ऐसे ही 'मर्यादा पुरुषोत्तम प्रभु श्री राम' नहीं कहाँ जाता है। अपने जीवन को उन्होंने इस तरह से जीया की उनके जैसा जीने के लिए स्वर्गलोक के देवता भी तरसते रह गए।

आप सिर्फ प्रभु श्रीराम को ही आदर्श मत मानियें बल्कि 'रामायण' के सारे चरित्र अपने धर्म का पालन करते हैं। श्रीराम एक आदर्श पुत्र हैं। पिता की आज्ञा उनके लिये सर्वोपरि है। पति के रूप में राम ने सदैव एकपत्नीव्रत का पालन किया। राजा के रूप में, प्रजा के हित के लिये, स्वयं के हित को हेय समझते हैं। विलक्षण व्यक्तित्व है उनका। वे अत्यन्त वीर्यवान, तेजस्वी, विद्वान, धैर्यशील, जितेन्द्रिय, बुद्धिमान, सुंदर, पराक्रमी, दुष्टों का दमन करने वाले, युद्ध एवं नीतिकुशल, धर्मात्मा, मर्यादापुरुषोत्तम, प्रजावत्सल, शरणागत को शरण देने वाले, सर्वशास्त्रों के ज्ञाता एवं प्रतिभा सम्पन्न हैं।

सीता का पतिव्रत महान है। सारे वैभव और ऐश्वर्य को ठुकरा कर वे पति के साथ वन चली गईं। राजधर्म और पति के ऊपर कोई आंच ना आने पाए इस वजह से वो गर्भावस्था में भी वन चली गयी और वन में एक साधारण स्त्री की भांति रहकर वनदेवी कहलाई।

रामायण भातृ-प्रेम का भी उत्कृष्ट उदाहरण है। जहाँ बड़े भाई के प्रेम के कारण लक्ष्मण उनके साथ वन चले जाते हैं वहीं भरत अयोध्या की राज गद्दी पर, बड़े भाई का अधिकार होने के कारण, स्वयं न बैठ कर राम की पादुका को प्रतिष्ठित कर देते हैं। चौदह वर्ष तक भरत, नगर से बाहर रहकर अयोध्या का राजपाठ चलाते है। अपने भाई प्रभु श्री राम की तरह चौदह वर्ष तक धरती पर सोते हैं वो भी ज़मीन के सतह से कुछ नीचे।

भाई राम की सेवा में लक्ष्मण ने स्वयं की पत्नी को चौदह वर्ष अपने से दूर रखा और चौदह वर्ष तक वो निरंतर जागते रहे। केवल भाई की सेवा ही उनका एक मात्र लक्ष्य था।

कौशल्या एक आदर्श माता हैं। अपने पुत्र राम पर कैकेयी के द्वारा किये गये अन्याय को भूला कर वे कैकेयी के पुत्र भरत पर उतनी ही ममता रखती हैं जितनी कि अपने पुत्र राम पर। हनुमान जी एक आदर्श भक्त हैं, वे प्रभु श्री राम की सेवा के लिये अनुचर के समान सदैव तत्पर रहते हैं। शक्तिबाण से मूर्छित लक्ष्मण को उनकी सेवा के कारण ही प्राणदान प्राप्त होता है।

वाल्मीकि रामायण में प्रभु श्रीराम के सोलह गुण बताए गए हैं, जो लोगों में नेतृत्व क्षमता बढ़ाने व किसी भी क्षेत्र में अगुवाई करने के अहम सूत्र हैं। वाल्मीकि जी ने नारद जी से प्रश्न किया कि सम्प्रति इस लोक में ऐसा कौन मनुष्य है जो गुणवान, वीर्यवान, धर्मज्ञ, कृतज्ञ, सत्यवादी और दृढ़व्रत होने के साथ साथ सदाचार से युक्त हो। जो सब प्राणियों का हितकारक हो, साथ ही विद्वान, समर्थ और प्रियदर्शन हो।

कोऽन्वस्मिन् साम्प्रतं लोके गुणवान् कश्च वीर्यवान्।
धर्मज्ञश्च कृतज्ञश्च सत्यवाक्यो दृढव्रतः॥
चारित्रेण च को युक्तः सर्वभूतेषु को हितः।
विद्वान् कः कस्समर्थश्च कैश्चैकप्रियदर्शनः॥
आत्मवान् को जितक्रोधो द्युतिमान् कोऽनसूयकः।
कस्य बिभ्यति देवाश्च जातरोषस्य संयुगे॥

उत्तर में नारद जी कहते हैं कि इक्ष्वाकु वंश में उत्पन्न श्री राम में ये सभी गुण हैं।

- गुणवान (ज्ञानी व हुनरमंद)

- किसी की निंदा न करने वाला (सकारात्मक)

- धर्मज्ञ (धर्म के साथ प्रेम, सेवा और मदद करने वाला)

- कृतज्ञ (विनम्रता और अपनत्व से भरा)

- सत्य (सच बोलने वाला, ईमानदार)

- दृढ़प्रतिज्ञ (मजबूत हौंसले वाला)

- सदाचारी (अच्छा व्यवहार, विचार)

- विद्वान (बुद्धिमान और विवेक शील)

- सामर्थ्यशाली (सभी का भरोसा, समर्थन पाने वाला)

- मन पर अधिकार रखने वाला (धैर्यवान व व्यसन से मुक्त)

- क्रोध जीतने वाला (शांत और सहज)

- कांतिमान (अच्छा व्यक्तित्व)

- वीर्यवान (स्वस्थ्य, संयमी और हष्ट-पुष्ट)

- युद्ध में जिसके क्रोधित होने पर देवता भी डरें (जागरूक, जोशीला, गलत बातों का विरोधी)

- सभी प्राणियों का रक्षक (मददगार)

- प्रियदर्शन (खूबसूरत)

इस पुस्तक में हम प्रभु श्री राम के उन सभी गुणों की चर्चा करनेवाले हैं ताकि आप उन सभी गुणों को अपनाकर अपने जीवन में सफलता प्राप्त कर सकें। हम मनुष्य के रूप में प्रभु श्री राम तो नहीं बन सकते हैं लेकिन उनके जैसा जीवन जीने की कोशिश तो अवश्य ही कर सकते हैं। श्री राम केवल आदर्श नहीं हैं बल्कि जीवन जीना का, सफलता प्राप्त करने का, मोक्ष पाने का एक मात्र माध्यम हैं।

1

गुणवान (ज्ञानी व हुनरमंद)

जो मनुष्य अपनी उन्नति चाहता है, उसे चाहिए कि वह दूसरों के गुण देखने की आदत डालें और स्वयं पर लागू करे।– अज्ञात

प्रभु श्री राम कितने ज्ञानी थे, इसका अनुमान आप उसी तरह से नहीं लगा सकते हैं जैसे आसमान में तारे कितने हैं? समंदर में पानी कितना हैं? गुणवान होना कई तरह से होता हैं जैसे आप के भीतर ज्ञान कितना हैं और आप कितने हुनरमंद है। आप अपने ज्ञान का इस्तेमाल कर किसी भी कार्य को कितने सफाई और बेहतरीन ढंग से संपन्न करते हैं। ज्ञानी कभी भूखा नहीं मरता है! ज्ञानी मजबूती से जीता है और अज्ञानी मज़बूरी से जीता है। ज्ञान कोई प्राप्त तो कर सकता हैं लेकिन चुरा नहीं सकता हैं।

आचार्य चाणक्य ने कहा था,"शिक्षा ही एक ऐसी संपत्ति है जिसे आपसे कोई चुरा नही सकता है"। इसलिए आपके पास जितना भी ज्ञान है उस पर गर्व करे और अधिक से अधिक सीखने का प्रयास करे। हर दिन कुछ नया सीखने का प्रयास करे और अपने ज्ञान को बढ़ाये।"

चाणक्य हमेशा कहते थे की "यदि मनुष्य शिक्षित है, तो वह हर जगह इज्ज़त पाता है"। आपका ज्ञान ही आपको आपके जीवन में हर वो चीज़ प्राप्त करवा सकता हैं, जिसकी कल्पना आप जागती आँखों के साथ करते हैं। ज्ञान वो चीज़ हैं जो आपको मान-सम्मान, यश, धन-दौलत सब कुछ दिला सकती है। ज्ञान का घमंड नहीं होना चाहिए। बल्कि आपको उस ज्ञान का प्रयोग स्वयं के साथ संसार की भलाई के लिए करते रहना चाहिए।

प्रभु श्री राम ईश्वर का अवतार थे लेकिन शिक्षा प्राप्त करने हेतु उन्हें भी गुरुकुल जाना पड़ा। सही शिक्षा एक गुरु ही दे सकता हैं और जिसके जीवन में गुरु हैं उसका इस संसार में कोई भी कुछ बिगाड़ नहीं सकता हैं। एक सच्चा गुरु ही आपके जीवनरूपी भवसागर से आपको पार करा सकता हैं। यदि कोई ऐसा कहता हैं की मुझे किसी गुरु की आवश्यकता नहीं हैं ! यह सब कुछ मैंने स्वयं से सीखा हैं तो वह गलत हैं। इंसान स्वयं से कुछ सीख तो सकता हैं, लेकिन स्वयं से सीखने के लिए भी उसने कहीं ना कहीं से प्रेरणा तो ली ही होती हैं। हर इंसान के जीवन में एक गुरु होता हैं कभी हम उसे पहचान लेते हैं तो कभी उस गुरु को सामने देखकर भी अनदेखा कर देते है।

गुरू गोविन्द दोऊ खड़े, काके लागूं पांय।
बलिहारी गुरू अपने गोविन्द दियो बताय।।
अर्थात

गुरू और गोबिंद (भगवान) एक साथ खड़े हों तो किसे प्रणाम करना चाहिए – गुरू को अथवा गोबिन्द को? ऐसी स्थिति में गुरू के श्रीचरणों में शीश झुकाना उत्तम है जिनके कृपा रूपी प्रसाद से गोविन्द का दर्शन करने का सौभाग्य प्राप्त हुआ।

शायद ही ऐसा कोई होगा जिसने टीवी पर अमिताभ बच्चन का 'कौन बनेगा करोड़पति' ना देखा हो। कुछ सवालों के जवाब देकर बहुत से लोगो ने करोड़ो रूपये कमा लिया है। उनमे एक गुण था। वो गुण था ज्ञान का, जिसके चलते वो करोड़पति बन गए। लोगो को करोड़पति बनाते-बनाते स्वयं अमिताभ बच्चन अरबपति बन गए। कैसे? एक ज्ञान रुपी शो के होस्ट बनकर।

अगर आप किसी मुसीबत में फंस गए हैं तो आप उस मुसीबत से कैसे निकल सकेंगे? साधारण सी बात हैं अपने ज्ञान और विवेक का सही प्रयोग कर। अन्यथा किसी ज्ञानी व्यक्ति का सहारा लेकर जो आपको अपने ज्ञान से सही मार्ग दिखा सकता हैं! लेकिन हो सकता हैं वो आप से इस बात के लिए कुछ पैसे भी ले। क्यूंकि ज्ञानी व्यक्ति अपने ज्ञान को व्यर्थ नहीं जाने देगा। बिना मूल्य की गयी सहायता का कोई अस्तित्व नहीं होता हैं। लोग बड़ी ही जल्दी उसे भूल जाते हैं। अगर आपने किसी वस्तु का उचित दाम दिया हैं तो आपको वो हमेशा याद रहनेवाला हैं और आप उसकी अहमियत भी करेंगे।

मेरे एक मित्र हैं टीवी पर उन्होंने क्राइम पेट्रोल और सावधान इंडिया देखकर कानून का इतना ज्ञान प्राप्त कर लिया की वो स्वयं को किसी वकील और पुलिस से कम नहीं समझते थे। मतलब अपने इस ज्ञान का उन्होंने अपने आसपास के लोगो में इतना भौकाल खड़ा कर रखा था की हर कोई उन्हें 'वकील बाबू' कहकर बुलाता था। वकील बाबू का ज्ञान टीवी की दुनिया से इतना बढ़ चुका था की, जब भी कोई इनके पास अपनी समस्या को लेकर आता तो ये कह देते की आपकी समस्या समझ में आ गयी अब आप निश्चिन्त होकर अपने घर जाओ। आपकी समस्या अब मेरी समस्या है।

वो समस्या से घिरे उस व्यक्ति को आत्मविश्वास का ऐसा इंजेक्शन लगा देते की सामने वाला समझ लेता की वकील बाबू जब तक हैं तब तक किस बात की चिंता। लेकिन वकील बाबू जिनके पास ना कोई डिग्री थीं ना कोई काला कोट बस एक आत्मविश्वास था, की इस केस के बारे में मैं गूगल पर जानकारी जमा कर लूँ फिर अपने वकील से मिलूंगा और उसे सब जानकारी दूंगा। काम वो करेगा लेकिन नाम हमारा होगा।

वकील बाबू केस को समझते और कानून की धारा को भी, की यहाँ कौन सा तिकड़म काम कर सकेगा। फिर असली वाले वकील से मिलकर काम समाप्त कर लेते। मतलब ये ऐसे इंसान हैं जिनके पास पुलिस से लेकर वकील हर कोई था बस वकालत की डिग्री नहीं थीं। जैसे तैसे सब ठीक चल रहा था लेकिन एक दिन स्वयं इनके ऊपर एक बड़ी मुसीबत ने धावा बोल दिया और ये चारो खाने चित्त हो गए।

अब सांप का मंत्र पता ना हो और सांप की बिल में हाथ डाल दोगे तो सांप चुम्मी तो लेगा नहीं वो काटेगा और आपकी नसों में ज़हर भर देगा। वही वकील बाबू का भी हो गया। जैसे तैसे जान पहचान से ये जेल से बाहर निकल गए और अब सच में वकालत की पढ़ाई कर रहे हैं। अर्थात वकील बाबू को भी समझ में आ गया की ज्ञान अधूरा होगा तो जीवन में सफलता नहीं मिलने वाली हैं।

जीवन में एक विशाल लक्ष्य के लिए उस तरह की तैयारी भी करनी पड़ती हैं। प्रभु श्री राम चाहते तो एक क्षण में ही रावण का सर्वनाश कर देते। लेकिन हर चीज़ की एक प्रक्रिया होती हैं। राम का जन्म मानव कल्याण हेतु और रावण का सर्वनाश के लिए हुआ था। श्री राम विष्णु का अवतार थे। भगवान विष्णु चाहते तो स्वयं ही रावण का विनाश कर देते लेकिन संसार में एक मर्यादा की स्थापना करनी थीं। इस अवतार का उद्देश्य मृत्युलोक में मानवजाति को आदर्श जीवन के लिये मार्गदर्शन देना था।

आपके जीवन में होने वाली हर घटना को आपके जन्म के पूर्व ही तय कर लिया जाता हैं की कब-कब क्या होना हैं। रामायण के बालकाण्ड, अयोध्यकाण्ड, अरण्यकाण्ड, सुन्दरकाण्ड, किष्किन्धाकाण्ड, लङ्काकाण्ड और उत्तरकाण्ड ये उदाहरण की हर चीज़ की एक प्रक्रिया होती हैं तभी वो अपने किसी निष्कर्ष पर पहुंच पाती हैं।

भगवान विष्णु ने रावण का अंत स्वयं ना कर, मानव रूप में मृत्युलोक में अवतार लिया। प्रभु श्री राम का जन्म होता हैं वो शिक्षा के लिए गुरुकुल जाते हैं। ज्ञान के साथ युद्धनीति और अस्त्र शस्त्र चलाना सीखते हैं। माता सीता से विवाह, कई असुरो का वध, सीता हरण, हनुमत मिलन, सुग्रीव संग मित्रता, विभीषण को राजा बनाने का वचन, रावण वध ये सब एक प्रक्रिया हैं। जिसमे ज्ञान के वो गुण छुपे हैं जिसके बिना रामायण संभव नहीं हो पाती। रामायण के हर कांड से आपको जीवन जीने का कुछ ना कुछ ज्ञान मिलता हैं। ज्ञान ही आपके जीवन का असली गुण होता हैं और सफलता के लिए ज्ञानरूपी गुण का होना उतना ही आवश्यक हैं जितना जीवन जीने के लिए सांस का होना।

मनुष्यरूपी जीवन में आप जिस क्षेत्र में भी सफलता प्राप्त करना चाहते हैं आपको उस क्षेत्र के बारे में ज्ञान होना चाहिए। मतलब ये नहीं होना चाहिए की आपको बनना तो डॉक्टर हैं लेकिन आप फिल्म मेकिंग सीख रहे हैं। फिर होगा ऐसा की अगर गलती से आप डॉक्टर बन गए और किसी मरीज़ के आँखों का इलाज़ करना हैं और आप डायलॉग मार रहे हैं "तुम्हारी आँखों में वो बात नहीं, वो चमक नज़र नहीं आती हैं, क्या तुम मुझसे प्यार नहीं करती हो?

मरीज़ भी बोल उठेगा। प्यार का भूत उतार दो, मेरी आँखों में वो चमक ला दो ! क्यूंकि मुझे मोतियाबिंद की शिकायत है। ज्ञान का सही प्रयोग करना भी एक कला हैं। इसमें भी आपको महारथ प्राप्त होनी चाहिए।

कुछ करने की इच्छा रखने वाले लोगों के लिए, इस संसार में असंभव जैसा कुछ भी नही है। क़ामयाबी आप तक चलकर नही आएगी, बल्कि आपको खुद उस तक चलकर जाना पड़ेगा। क़ामयाबी के लिए संघर्ष करना पड़ता हैं। सुख का त्याग करना होता हैं। हमें अपने सपनों को सफल बनाने के लिए, बातों से नही, उनके लिए रातों से लड़ना पड़ता है। एक बात हमेशा याद रखना, हर एक छोटा बदलाव, एक दिन बड़ी क़ामयाबी का हिस्सा जरूर बनता है।

अगर सफलता प्राप्त करनी हैं तो आपके अपने ज्ञान को भी बढ़ाना होगा। लेकिन ज्ञान सिर्फ किताबी नहीं होना चाहिए। ज्ञान व्यवहारिक होना चाहिए जिसका प्रयोग आप अपनी रोज़ की ज़िंदगी में करते हो। इस तरह का ज्ञान एक दिन में प्राप्त नहीं होता हैं निरंतर प्रयास करते रहना होता हैं।

करत-करत अभ्यास के जडमति होत सुजान।
रसरी आवत-जात ते सिल पर परत निशान॥

बार बार अभ्यास करने से मूर्ख भी ज्ञानी हो जाता है। रस्सी के आते-जाते घिसने से पत्थर पर भी निशान बन जाता है। फिर हम तो इंसान हैं अगर निरंतर कोशिश करते रहेंगे तो ज्ञान आज नहीं तो कल बढ़ता ही रहेगा और एक दिन आप ज्ञानी बन जाओगे।

ज्ञान प्राप्त करना, एकत्र करना एक दिन का काम नहीं हैं। यह एक ऐसा कार्य हैं जो जीवन भर निरंतर चलते रहता हैं। ज्ञान प्राप्त करने के लिए आपको कहीं और जाने की आवश्यकता नहीं हैं बल्कि आपके आसपास ही सब कुछ उपलब्ध हैं।

संसार का कोई भी मनुष्य एक दिन में महान नहीं बना हैं। सचिन तेंदुलकर एक दिन में इतने महान बल्लेबाज नहीं बने। हर रोज़, लगातार कई वर्ष तक उन्होंने बल्लेबाजी का अभ्यास किया तब जाकर वो सचिन तेंदुलकर से 'महान सचिन तेंदुलकर 'बन पाए। क्रिकेट की दुनिया में उन्हें ऐसे ही क्रिकेट का भगवान नहीं कहाँ जाता हैं।

यह जिंदगी हमेशा बड़े सपने देखने वालों और जोशीले क्रांतिकारियों का इम्तिहान लेती है।- सचिन तेंदुलकर

हमारी समस्या ये हैं की हम सफल तो होना चाहते हैं लेकिन उसके लिए प्रयास नहीं करना चाहते हैं। बिना प्रयास के तो आप अपने समीप रखें गिलास से भरे जल को पीकर अपनी प्यास तक नहीं बुझा सकते हैं फिर सफलता तो बहुत दूर की चीज़ हैं। सफल होने के लिए कोशिश करनी पड़ती हैं और कोशिश सफलता की पहली सीढ़ी होती हैं। अगर आप किसी लक्ष्य को पूरा करने की गारंटी दे रहे हैं तो हो सकता हैं की आपको असफलता प्राप्त हो ! लेकिन आप किसी कार्य को पूरा करने की कोशिश करते हैं तो निश्चित ही उस कार्य में आप सफलता प्राप्त कर लेंगे।

मैंने ऐसे कई लोगो को देखा हैं जो अपना समय व्यर्थ की चीज़ो में नष्ट करते रहते हैं। जो समय उन्हें स्वयं को बेहतर बनाने के लिए करना चाहिए वो नहीं करते हैं बल्कि किसी गली या चौराहे पर खड़े होकर एक दूसरे के साथ गाली गलौज करना, मारपीट करना, लड़कीबाजी करना, सिगरेट पीना जैसी चीज़ो में गुज़ार देते हैं। फिर यही लोग कहते हैं की समय की कमी हैं वरना मै भी ये कर सकता था! मरते दम तक ये लोग केवल बहाना ही बनाते रह जाते हैं। अर्थात कुछ लोग ज्ञान बढ़ाने में अपना समय देते हैं तो कुछ लोग बहाने बनाने में अपना समय, अपना पूरा जीवन ही नष्ट कर देते हैं।

श्री राम जो कहते हैं वो करते हैं अर्थात श्री राम अपने वचन के पक्के (अटल वचन) हैं। वचन देने के बाद वो पीछे मुड़कर नहीं देखते। इसलिए जीवन में सफल होना हैं तो गुणवान बनियें और एक बार ठान लीजिये की अपने ज्ञान को निरंतर तेज़ ही करना हैं तो आप अपने जीवन में पीछे मुड़कर कभी नहीं देखोगे। बार-बार पीछे मुड़कर देखनेवाले लोग इतिहास नहीं लिखा करते हैं। इतिहास वही लिखता हैं जो अपने इरादों का पक्का होता हैं।

2

किसी की निंदा न करने वाला (सकारात्मक)

दूसरों की निंदा में समय खर्च करने वाले वीर नही होते। बड़े ही कमज़ोर और कायर होते है। वो कभी भी प्रशंशा केपात्र नहीं होते। उनको अंत समय केवल जहालत ही हाँसिल होती है।

निंदा करने वाला इंसान किसी और का नहीं बल्कि स्वयं का शत्रु होता हैं। अर्थात, जीवनरूपी इस विशाल महासागर में वो एक ऐसा मिटटी का घड़ा लेकर घूम रहा हैं जिसमे उस मनुष्य ने परनिंदा की ऐसी छलनी कर रखी हैं जो धीरे धीरे उसे डुबाकर मृत्यु के करीब ले जा रही हैं। निंदा करनेवाला मनुष्य, उसका एक मात्र लक्ष्य होता हैं सुधार नहीं करना, हर क्षण किसी का अपयश करना। वह अपने मन के भीतर की गंदगी रुपी ईर्ष्या, कुंठा और प्रतिशोध की भावना को शांत करने के लिए हर समय तैयार रहता हैं।

कभी आपने देखा या महसूस किया कि जब आपसे कोई किसी की निंदा करता है, तो आपका मन कैसे उसकी हर बात को बड़ी ही आसानी से स्वीकार कर लेता है। दूसरों की निंदा को सुनते समय हम कितनी रुचि लेते हैं ना? क्यूंकि दूसरों की बुराई, उसकी कमी, उसकी गलतियां, उसकी पराजय हमें अपनी जीत लगती हैं। भले ही जिस व्यक्ति की निंदा हो रही हैं उसका एक काम तक न बिगड़ा हो या उसका बाल तक बांका ना हुआ

हो! लेकिन उसकी निंदा को सुनकर अचानक से ही आपके भीतर एक उत्साह भर जाता हैं। निंदा सुनकर कई लोगो को सुखद अनुभूति होती हैं। अगर आपको भी किसी की निंदा सुनकर अच्छा लगता हैं तो समझ लीजिये आपके बुरे दिन की शुरुवात हो चुकी हैं!

हम एक पल भी नहीं सोचते और न ही निंदा करने वाले व्यक्ति से उस बात का प्रमाण ही मांगते हैं की आप जो ये बात उस अमुख व्यक्ति के बारे में बोल रहे हैं वो सही भी है या गलत ? आप उसकी निंदा कर क्यों रहे हैं ? क्यूंकि सकारात्मक बातें हमारे मस्तिष्क में उतनी शीघ्रता से प्रवेश नहीं करती हैं जितनी तेज़ गति से नकारात्मक बातें प्रवेश कर जाती हैं।

किन्तु, कबीरदास जी ने निंदा करनेवाले के लिए कुछ और ही ज्ञान की बात कही है। जो आज के युग के कोई मनुष्य अनुशरण करें तो वो किसी भी क्षेत्र में असफल नहीं होगा।

निंदक नियरे राखिए, आंगन कुटी छवाय, बिन पानी, साबुन बिना, निर्मल करे सुभाय।

अर्थात, जो हमारी निंदा करता है, उसे अपने अधिक से अधिक पास ही रखना चाहिए क्योंकि वह बिना साबुन और पानी के हमारी कमियां बताकर हमारे स्वभाव को साफ कर देता है।

क्यूंकि इस संसार में किसी भी मनुष्य को स्वयं की कोई भी गलतियां दिखाई नहीं पड़ती हैं। निंदक को आप अपने शुभचिंतक के तौर पर देखियें की वो आपका भला करना चाहता हैं। एक वही हैं जो आपके भीतर की हर छोटी गलती को आपको दिखा रहा हैं ताकि आप उस गलती को सुधार सकें। निंदा करनेवाला आपका शत्रु नहीं बल्कि सबसे बड़ा शुभचिंतक हैं।

परनिंदा को सुनना गलत बात है लेकिन अगर कोई व्यक्ति आपकी निंदा आपके मुख पर कर रहा हैं तो ये आपके लिए एक अवसर हैं। अवसर इस बात को जान लेने का, की आखिर आप कहा गलत हैं। जिसके चलते आपकी निंदा की जा रही हैं। अगर आपको लगता हैं की निंदा सही हैं तो आप उसमे सुधार कीजिये। अगर आपको लगता हैं की अमुख व्यक्ति किसी शत्रुता अथवा जलन के चलते आपकी निंदा कर रहा हैं तो आप उसे

उसकी भड़ास निकालने का मौका दीजिये। थोड़ी देर बाद उसे शांति मिल जाएगी।

चोरी, निंदा और झूठ ये तीन बातें मनुष्य के चरित्र को नष्ट करती है। जो मनुष्य नींद और निंदा पर विजय प्राप्त कर लेता हैं वो संसार में किसी भी चीज़ पर विजय प्राप्त कर सकता है।

आपने अपने जीवन में इस बात पर भी ध्यान दिया होगा की, जो व्यक्ति अधिक निंदा करता हैं लोग उसकी बात को कुछ समय तक सुन तो लेते हैं लेकिन एक समय पश्चात लोग उससे दुरी बनाने लगते है। क्यूंकि नकारात्मक मनुष्य उस ज़हर के समान होता हैं जो आपकी सोच को भी ज़हरीला बना देता हैं। अब ज़हरीला इंसान आपके लिए फायदेमंद तो हो नहीं सकता हैं, वो आपको भी बीमार ही करेगा? निंदा भी एक सीमा तक ठीक हैं अधीक समीप गए तो आपका विनाश तय हैं।

अगर आप निंदा करते भी हैं तो आपको अपनी मर्यादा नहीं भूलनी चाहिए। हर चीज़ की एक मर्यादा होती हैं। श्रीराम कथा हमें मर्यादा में रहना सिखाती है। साथ ही यह मानव का सही मार्गदर्शन भी करती है। जो मनुष्य सच्चे मन से श्रीराम कथा का श्रवण कर लेता है, उसका लोक ही नहीं परलोक भी सुधर जाता है। मनुष्य जीवन बहुत दुर्लभ है और बहुत सत्कर्मों के बाद ही मनुष्य का जीवन मिलता है। मनुष्य को इसका सदुपयोग करना चाहिए और राम नाम का जप करते हुए अपने लोक व परलोक को सुधारना चाहिए। कलियुग में मनुष्य का सबसे बड़ा सहारा राम नाम ही है।

गुलाब का फूल दिखने में सुंदर है पर चखने में मीठा नहीं होता, गन्ना दिखने में सुंदर नहीं पर चखने में मीठा होता है। किंतु हमें अपना स्वभाव सुंदर और मीठा बनाना है तो भगवान राम की कथा कहना व सुनना चाहिए। इससे हमारा स्वभाव मधुर, मनोहर और मंगलकारी हो जाएगा। श्री राम ने अपने जीवन में नकारात्मक ऊर्जा को अपने समीप कभी नहीं आने दिया। उनके चेहरे पर सदैव एक मनमोहक मुस्कान, विषम से विषम परिस्थितीयों में भी शांत रहकर समस्या का निवारण करना, भटके हुए को मार्गदर्शन वो भी सकारात्मक भाव के साथ।

चित्रकूट में जब भरत अपनी तीनो माताओं, चतुरंगिणी सेना, मिथिला नरेश, और सिपाहियों के साथ बढ़ रहे होते हैं तब लक्ष्मण का धैर्य जवाब दे जाता हैं। उनके अंतर्मन में भारत के प्रति एक द्वेष था की कैसे भारत के लिए बड़े भाई राम की राजगद्दी छीन गयी और चौदह वर्ष का वनवास माता कैकेयी ने दे दिया। अब जब भरत चित्रकूट की तरफ बढ़ रहे होते हैं तो लक्ष्मण को लगता हैं की वो उनसे युद्ध करने आ रहे है।

अच्छा हुआ वो स्वयं ही आ गया। आज मैं उसे जीवित नहीं छोड़ूंगा! क्रोधित लक्ष्मण श्री राम से कहते हुए

क्या हुआ लक्ष्मण, कौन आ गया हैं? श्री राम प्रश्न करते हैं।

'आपका चहेता भरत'। लक्ष्मण एक तंज कसते हुए कहते हैं।

क्या? भरत आया है? कहा हैं? चेहरे पर एक मुस्कान के साथ श्री राम चित्रकूट तक आ गया हैं। अपनी चतुरंगिणी सेना के साथ आक्रमण करने क्रोधित लक्ष्मण ने अपने तीर कमान को सुसज्जित करते कहा

आक्रमण करने? किस पर ?

आप पर भैया? किसी ने उस मूर्ख को बुद्धि दी होगी की ये राज्य तो श्री राम का हैं एक ना एक दिन वो इसे वापस ले लेंगे। बस, उसने सोचा होगा दोनों भाई इस समय वन में निसहाय अवस्था में होंगे। दोनों को समाप्त कर अपना राज्य अकंटक कर लूँ। उसे ये नहीं पता की ये लक्ष्मण अभी तक जीवित हैं।

क्या अनर्गल बातें कर रहे हो लक्ष्मण? भरत की बुद्धि ऐसी कुटिल कभी नहीं हो सकती हैं।

क्यों? क्यों कुटिल नहीं हो सकती हैं? जिसकी माँ की बुद्धि ऐसी कुटिल हो सकती हैं! तो उसके पुत्र की बुद्धि कुटिल क्यों नहीं हो सकती हैं। यदि वो कुटिल नहीं होता तो अपने साथ वह हाथी, घोड़ा और सैनिक लेकर नहीं चलता। वो आपके दृष्टि में साधु इंसान हो सकता हैं लेकिन राजमद पाने के बाद, राज का मद किसी से सहा नहीं जाता। अरे मानव तो क्या? इंद्रा जैसे देवता भी राज पाने के बाद उचित और अनुचित भूल जाते हैं। आज राज शक्ति के नशे ने भरत को अंधा कर दिया है। वो आपको निसहाय और बेसहारा समझकर आपकी हत्या करने आ रहा है।

नहीं लक्ष्मण! नहीं! व्याकुल होकर श्री राम बोल पड़े

आज आप मुझे मत रोकियेगा? मैं आपके चरणो की सौगंध खाता हूँ। यदि मैंने क्षत्रीय कूल में जन्म लिया हैं और मैं सच्चा रघुवंशी हूँ तो आज भरत रणभूमि में मारा जाएगा। भैया यदि भगवान शंकर भी उसकी रक्षा के लिए आ जाएं तो राम की दुहाई हैं मैं उसे जीवित नहीं छोड़ूंगा।

लक्ष्मण जैसे ही युद्ध करने के लिए आगे बढ़ते हैं तभी एक बिजली कड़कती हैं और आकाशवाणी होती है।

सावधान ! लक्ष्मण ! सावधान !

तात प्रताप प्रभाउ तुम्हारा।

को कहि सकइ को जाननिहारा॥

हे तात! तुम्हारे प्रताप और प्रभाव को कौन कह सकता है और कौन जान सकता है? परन्तु कोई भी काम हो, उसे अनुचित-उचित खूब समझ-बूझकर किया जाए तो सब कोई अच्छा कहते हैं। वेद और विद्वान कहते हैं कि जो बिना विचारे जल्दी में किसी काम को करके पीछे पछताते हैं, वे बुद्धिमान् नहीं है।

देववाणी सुनकर लक्ष्मणजी सकुचा गए। श्री रामचंद्रजी और सीताजी ने उनका आदर के साथ सम्मान किया (और कहा-) हे तात! तुमने बड़ी सुंदर नीति कही। हे भाई! राज्य का मद सबसे कठिन मद हैं।

मच्छर की फूँक से चाहे सुमेरु उड़ जाए, परन्तु हे भाई! भरत को राजमद कभी नहीं हो सकता। हे लक्ष्मण! मैं तुम्हारी शपथ और पिताजी की सौगंध खाकर कहता हूँ, भरत के समान पवित्र और उत्तम भाई संसार में नहीं है।

यह श्री राम की सकारात्मकता ही थीं की एक तरफ लक्ष्मण क्रोध में बिना सोचे समझे अपने ही भाई भरत पर संदेह कर उन्हें समाप्त कर देना चाहते थे लेकिन दूसरी तरफ श्री राम एक दम शांत चित होकर समस्या को समझते हुए उस परिस्थिति में गंभीर नहीं होते हैं।

जो अपने कदमों की काबिलियत पर विश्वास रखते हैं,
वही अक्सर मंजिल तक पहुंचने में सफल होते हैं।

बचपन से हम बस इसी चीज़ को मानकर चलते थे की ये बहुत कठिन काम हैं। ये हम जैसे साधारण मनुष्य के बस की बात नहीं हैं। ये केवल

पैसे वाले ही कर सकते हैं। ये हमारे नसीब में नहीं हैं। हमें दो वक्त की रोटी मिल जाएं बस यही काफी हैं। हमें जोखिम नहीं लेना हैं अन्यथा हमारा जीवन बर्बाद हो जाएगा।

नहीं ! नहीं ! और केवल नहीं !

जब हम बार बार लगातार एक ही नकारात्मक चीज़ को अपनी तरफ आकर्षित करते है तब हम इस बात को मान लेते हैं की हमें बस यही प्राप्त होगा। हम इस बात को मान लेते हैं की हम किसी भी बेहतर चीज़ के लिए नहीं बने हैं और ना ही उसे प्राप्त कर सकते हैं। एक नकारात्मक बात आपके जीवन को अंधकार में डाल देती हैं। एक ऐसा अन्धकार जहां से आप रोशनी देख ही नहीं पाते है। अथवा आप देखना ही नहीं चाहते हैं की आपके जीवन में कुछ नया हो। बेहतर हो। आप उस बेहतरीन जीवन के हकदार हो।

क्यूंकि आपने अपने जीवन के पहियों को एक नकारात्मक ऊर्जा के कील से पंचर कर दिया हैं। जब आप बार बार ये कहते हो की ये कार्य मुझसे नहीं हो सकता हैं। मैं इस लायक नहीं हूँ। ये हमारे नसीब का नहीं है। तो ईश्वर भी आपसे यही कहता हैं, "तथास्तु" !!

ईश्वर से आप जो मांग रहे हो, आपको वही मिलेगा ना? और अधिकतर हम वही चीज़ मांगते हैं जो हम नहीं चाहते हैं। क्यूंकि हम हिम्मत कर अगर कुछ मांगते भी हैं तो उस मांगने में वो शक्ति नहीं होती हैं। एक डर होता हैं। क्या ये मुझे मिल पायेगा? क्या मैं इस लायक हूँ? क्या मैं इसे पाने के योग्य हूँ? क्या ये चीज़ मुझे मिलनी चाहिए ?

आपने अपने मांगने में इतना 'क्या' लगा दिया हैं की ईश्वर भी कहता हैं जिसे स्वयं पर विश्वास नहीं हैं। उसे मैं इतनी बड़ी चीज़ या जिम्मेदारी कैसे सौंप दूँ ? कल को ईश्वर आपको करोडो रूपये दे दे, किन्तु आपको भय हैं की मैं इसे संभाल नहीं सकता ? तो आपको वो क्यों देगा ? आपसे बेहतर किसी और योग्य मनुष्य को वो चीज़ ना दे दें।

आप हर वो चीज़ पाने के योग्य है जिसकी चाहत आपके भीतर हैं। बस, आपको अपनी सोच बदलने की ज़रूरत हैं। अपने लक्ष्य पर ध्यान देने की ज़रूरत हैं। बुरे से बुरा समय क्यों ना आ जाएं लेकिन आप एक सकारात्मक सोच के साथ उसे पाने की कोशिश करते रहे। अपने ऊपर

तनिक भी संदेह ना करें की ये कार्य आपसे नहीं हो सकता हैं। बल्कि आप ये सोचे की ईश्वर ने आपको इस कार्य के लिए चुना हैं। स्वयं पर संदेह करना अर्थात आप ईश्वर पर संदेह करते हैं। क्यूंकि उस ईश्वर ने ही आपको बनाया हैं। ईश्वर से बेहतर आपको कोई नहीं जानता हैं। ईश्वर किसी भी मनुष्य को ख़राब नहीं बनाता हैं। लेकिन वो चाहता हैं की आप स्वयं को पहचाने।

भारतीय क्रिकेट के इतिहास में ना जाने कितने ही खिलाड़ी कप्तान बने। हर किसी ने यही सोच रखकर कप्तानी की होगी की इस बार वो विश्व कप जीत कर ला सकता हैं। लेकिन ऐसा नहीं हो सका। फिर क्रिकेट की दुनिया में एक नाम आता हैं 'महेंद्र सिंह धोनी'। एक ऐसा खिलाड़ी जिसकी सोच सकारात्मक होती थीं। जो विषम से विषम परिस्थिती में भी अपना धैर्य नहीं खोता। जिसे दुनिया 'कैप्टेन कूल' के नाम से जानती हैं।

महेंद्र सिंह धोनी भारतीय क्रिकेट के इतिहास के वो खिलाड़ी बन गए जिसके नाम आय. सी. सी. की हर ट्रॉफी जीतने का श्रेय हैं। पता हैं क्यों ? क्यूंकि इस कार्य के लिए ईश्वर ने उसे चुना था। धोनी को अपने ऊपर विश्वास था। अपनी टीम पर विश्वास था। और ये विश्वास आता हैं एक सकारात्मक सोच के साथ। धोनी रिटायर हो गए लेकिन धोनी की बातें आज भी होती रहती हैं। खासकर तब जब टीम इंडिया कोई फाइनल मैच हार जाती हैं।

सकारात्मक सोच वाला इंसान कौन होता हैं ? वो इंसान जिसके भीतर आशा की नीत नयी तरंगे ऊर्जा का संचार करते रहती हैं। आशावादी होना इंसान को धैर्यवान होना सिखलाता हैं और धैर्य से इंसान इस संसार की किसी भी वस्तु को प्राप्त कर सकता है। क्यूंकि धैर्य के साथ मेहनत भी जुड़ी होती हैं और मेहनत कभी व्यर्थ नहीं होती हैं। जिस कार्य को आप कर रहे हैं बस उसी में लगे रहे। पूरी ईमानदारी और मेहनत के साथ।

आपको पता हैं सफलता क्यों नहीं मिलती हैं ? क्यूंकि आप उसके लिए कार्य करना ही नहीं चाहते हैं। जो काम आपको आज करना हैं वो आप कल पर टाल देते हैं और कल का काम परसो पर, तो जब आपका

काम होगा ही नहीं तो आपका लक्ष्य पूरा कैसा होगा ? किसी भी कार्य को करना हैं तो यही बेहतर समय हैं। अभी शुरू कर दीजिये। किसी भी काम को शुरू करने का मुहूर्त मत देखियें। जिस समय आपने किसी कार्य के बारे में सोच लिया। बस वही समय उपयुक्त समय हैं। वो आपके लिए ईश्वर का आदेश हैं और ईश्वर के आदेश को पूरा करना आपका कर्तव्य हैं। किसी भी काम की शुरुवात ही कठिन होती हैं उसके बाद आपको खुद ही उस कार्य की आदत हो जाती हैं। ये मत सोचो की इस कार्य में सफलता मिलेगी या असफलता ? सफल हो गए तो ठीक हैं अन्यथा उस कार्य का अनुभव तो प्राप्त ही होगा और वही अनुभव आपके जीवन के किसी और कार्य में आपका साथ देगा। इस संसार में प्राप्त किया गया कोई भी अनुभव व्यर्थ नहीं होता हैं। जीवन के किसी ना किसी मोड़ पर अवश्य ही आपके काम आएगा।

काल करे सो आज कर, आज करे सो अब ।
पल में प्रलय होएगी, बहुरि करेगा कब ।।

अर्थात, कबीर दास जी समय की महत्ता बताते हुए कहते हैं कि जो कल करना है उसे आज करो और और जो आज करना है उसे अभी करो, कुछ ही समय में जीवन ख़त्म हो जायेगा फिर तुम क्या कर पाओगे !!

कुछ लोग ऐसे भी होते हैं जो हर पल यही कहते हैं। एक बार पैसे आ जाएं तब ये कार्य करूंगा। एक बार ठंडी निकल जाएं तब ये कार्य करूंगा। एक बार इस गाँव की सड़क बन जाएं तब इस रास्ते पर चलूँगा। एक बार मेरे घर वाले मेरी बात सुन लें तो मेरा काम बन सकता हैं।

लेकिन उस एक बार वाली कहानी उस इंसान के जीवन में कभी आती ही नहीं हैं। क्यूंकि आप वर्तमान में रहकर भविष्य की योजना बना तो रहे हैं लेकिन उस पर अमल नहीं कर रहे हैं। आप जीवन में बहुत कुछ करना चाहते हैं। बहुत कुछ प्राप्त भी करना चाहते हैं। लेकिन आप भीतर से इतने नकारात्मक इंसान हैं की आप एक कदम तक नहीं उठा पाते हैं। टालमटोल करना, बहानेबाजी करना, आज का कल और कल का परसो पर टाल देना आपको नकारा बना चुका हैं। आपके भीतर सकारात्मक ऊर्जा है ही नहीं।

एक समय की बात हैं। किसी गाँव में दो मित्र मोहन और सोहन थे उन्होंने एक योजना बना ली थीं की अपने गाँव के मुखियां से बात कर वो कुछ पैसे क़र्ज़ लेकर अपना व्यापार शुरू करेंगे। योजना अच्छी थीं लेकिन सोहन आलसी और नकारात्मक मनुष्य था।

यार, ये मुखिया हैं ना बड़ा कंजूस हैं ये हमें पैसे क्या देगा ! ढंग से बात तक नहीं करता है। ना जाने इतने पैसे लेकर कहां जाएगा ? सोहन ने मोहन से कहां

अरे, मुखिया के बारे में पहले से ही इतना नकारात्मक क्यों होना ? माना वो कंजूस हैं लेकिन ऐसा भी तो हो सकता हैं ना की वो हमें पैसे दे दें और हमारा व्यापार दिन दुगुनी रात चौगुनी बढ़ जाएं। मोहन ने एक मुस्कान के साथ कहां

देख मोहन, मैं किसी के सामने केवल व्यापार के लिए झुकने वाला नहीं। तुझे ठीक लगता हैं तो अपना स्वाभिमान गिराकर तू मुखिया से पैसे मांग सकता हैं। मुझे नहीं करना कोई व्यापार। मैं अब इस में तेरे साथ नहीं। सोहन ने पूरी तरह से किनारा कर लिया

कुछ दिन के बाद मोहन ने मुखिया से बात कर अपने व्यापार के लिए पैसे का इंतेज़ाम कर लिया। उसका व्यापार दिन दुगुनी रात चौगुनी सफलता के राह पर चल पड़ा था। इसी बीच एक रोज़ सोहन की मुलाकत मोहन से हो जाती हैं। सोहन, मोहन के ठाँठ बाँट देखकर हैरान रह जाता हैं।

अरे, मोहन तेरे पास इतने पैसे कहाँ से आ गए ? तुमने व्यापार के लिए ट्रैक्टर और गोदाम भी ले लिया ? कैसे ? सोहन बड़े ही आश्चर्य के साथ मोहन से पूछता हैं।

अरे सोहन, तुमने कहां था ना मुखिया के सामने कौन झुकेगा। कौन अपना स्वाभिमान गिरायेगा और तुमने व्यापार शुरू होने से पूर्व ही दुरी बना ली। उस रोज़ मुखिया जी से मिलकर मैंने व्यापार के बारे में चर्चा की और उन्हें मेरा विचार पसंद आया। मैंने जितने पैसे मांगे उन्होंने दिए और मैंने उन्हें व्यापार में अपना साथी भी बना लिया। अगर तुम्हारी सुनकर मैं भी झूठे स्वाभिमान में पड़ा रहता तो आज तुम्हारी तरह मैं भी किस्मत का रोना रो रहा होता।

इसलिए हमारी सोच सकारात्मक होनी चाहिए। अपने बारे में हमेशा अच्छा सोचना चाहिए। जब तक आप खुद के प्रति अपनी नज़रिया नहीं बदलते हैं तब तक आप बेहतर काम नहीं कर सकते हैं। आपका नज़रिया केवल आपके घर, दफ्तर, मित्र, पड़ोसी तक ही नहीं बल्कि हर जगह होना चाहिए। जब आप अच्छा सोचते हैं तब आप खुद को प्यार करने लगते हैं और स्वयं को प्रेम करनेवाला इन्सान दुनिया में किसी से भी प्रेम कर सकता हैं। प्रेम सफलता के मार्ग खोल देता हैं। वो मार्ग भी जो कभी हमेशा के लिए बंद थे।

सकारात्मक सोच वो शक्ति है जिसका रहस्य एक बार आपको पता चल गया तो आप चुटकी बजाते ही कोई भी कार्य कर सकते है। सकारात्मक सोच एक दिन में विकसित नहीं होती हैं इसके लिए आपको सदैव इस पर कार्य करते रहना होता हैं। वरना ये वो शक्ति हैं जो समय के साथ आप भूल जाते हैं।

ये ठीक वैसे ही हैं जैसे हनुमान जी के पास असीम शक्तियां थीं लेकिन उसका प्रयोग ना करने के चलते वो उन शक्तियों को भूल गए थे। रावण की लंका तक सिर्फ हनुमान ही पहुंच सकते थे, लेकिन हनुमान को अपनी शक्ति कहाँ पता थीं, तब जामवंत ने उन्हें उनकी शक्ति का स्मरण करवाया की आप अपने पिता वायु की तरह एक बार में ही लंका पहुंच सकते हैं।

जब हनुमानजी बालक थे तब उनको एक ऋषि से श्राप मिलता है, की वह अपनी सारी शक्तिया भूल जायेंगे। अंगिरा और भृगुवंश के मुनियों ने हनुमान जी को श्राप दिया की,"आप अपने बल और तेज को सदा के लिए भूल जाएं लेकिन जब कोई आपको आपकी शक्तियां याद कराएगा तभी आप उसका उपयोग कर सकोगे।" इस श्राप के कारण हनुमान जी का बल एवं तेज कम हो गया और वह शांत सुकुमार बन कर रहने लगे। तब सही समय आने पर माता सीता की खोज करते समय उनको समुद्र पार करने के समय उनको जामवंत जी ने उनकी शक्तिओ का स्मरण करवाया।

हनुमान जी की तरह ही हम सभी के भीतर एक विशाल शक्ति हैं लेकिन हमारे मन की नकारात्मक शक्ति ने सकारात्मक शक्ति को

कमज़ोर और कलंकित कर दिया हैं। हम निरंतर इस बात पर सोच-सोचकर स्वयं को दोष देते रहते हैं की अमुख व्यक्ति को सब प्राप्त हैं तो मुझे क्यों नहीं ? लेकिन ये नहीं सोचते हैं की उस अमुख व्यक्ति को अपनी शक्ति याद है और वो उसका प्रयोग भी करना जानता हैं। शक्ति हनुमान जी वाली नहीं, बल्कि वो शक्ति की मैं इस कार्य को कर सकता हूँ।

संसार में दो तरह के लोग होते हैं। एक वो जो सुबह उठते हैं प्रभु की भक्ति करते हैं। सुबह सूर्य की रोशनी से बातें करते हैं। शुद्ध हवा लेते हैं। माता पिता के चरण स्पर्श करते हैं। टीवी पर सकारात्मक चीज़े देखते हैं या भजन वगैरह सुनते हैं। अर्थात दिन की शुरुवात एक सकारात्मक ऊर्जा के साथ होती हैं। जब दिन की शुरुवात ही बेहतर होगी तो पूरा दिन बेहतर ही होगा।

और एक वो होते है जो सुबह उठते ही मोबाइल पर ऐसी न्यूज़ देख लेते हैं जिसमे दुर्घटना, अश्लीलता, गंदगी होती हैं। सुबह सैर करने की जगह, दोपहर सोकर उठते हैं। ना जीवन का कोई लक्ष्य ना कुछ पाने की चाह। टीवी और मोबाइल पर भी गंदगी ही देखते हैं। गाली गलौज से बात करना। संस्कार ना होना। अनुशासन की कमी। अश्लील गीत सुनना। ये सब हमारी ज़िंदगी पर नकारात्मक असर डालती हैं।

बेहतर है की आप अच्छा कार्य करें। दुसरो को धन्यवाद कहना सीखे। हमेशा ज्ञान बढ़ाने की कोशिश करें। आज के काम को कल और कल के काम को परसो पर ना टाले। दिन की शुरुवात बेहतर तरीके से करें। जीवन में लक्ष्य बनाएं और उस लक्ष्य को पूरा करने के लिए अपनी पूरी शक्ति लगा दें। फिर देखना संसार की कोई ताकत आपको सफल होने से रोक नहीं सकती हैं।

3

धर्मज्ञ (धर्म के साथ प्रेम, सेवा और मदद करने वाला)

यदा यदा हि धर्मस्य ग्लानिर्भवति भारत।
अभ्युत्थानमधर्मस्य तदात्मानं सृजाम्यहम् ॥
परित्राणाय साधूनां विनाशाय च दुष्कृताम्।
धर्मसंस्थापनार्थाय सम्भवामि युगे युगे ॥

अर्थात मै प्रकट होता हूं, मैं आता हूं, जब जब धर्म की हानि होती है, तब तब मैं आता हूं, जब जब अधर्म बढता है तब तब मैं आता हूं, सज्जन लोगों की रक्षा के लिए मै आता हूं, दुष्टों के विनाश करने के लिए मैं आता हूं, धर्म की स्थापना के लिए में आता हूं और युग युग में जन्म लेता हूं।

धर्म क्या हैं ? धर्म का शाब्दिक अर्थ होता है, 'धारण करने योग्य'। साधारण शब्दों में धर्म के बहुत से अर्थ हैं जिनमें से कुछ ये हैं- कर्तव्य, अहिंसा, न्याय, सदाचरण, सद्-गुण आदि। धर्म वो हैं जिसे सबको धारण करना चाहिए, यह मानवधर्म हैं। धर्म मानव को मानव बनाता है।

सनातन धर्म में चार पुरुषार्थ स्वीकार किए गये हैं जिनमें धर्म प्रमुख है। तीन अन्य पुरुषार्थ ये हैं- अर्थ, काम और मोक्ष।

गौतम ऋषि कहते हैं - 'यतो अभ्युदयनिश्रेयस सिद्धिः स धर्म।' अर्थात जिस काम के करने से अभ्युदय और निश्रेयस की सिद्धि हो वह धर्म है।

धर्म ये भी कहता हैं की एक मनुष्य को दूसरे मनुष्य के काम आना चाहिए। क्यूंकि मानवता से बड़ा कोई धर्म नहीं होता हैं। प्रभु श्री राम ने धर्म की स्थापना के लिए असुरों का संहार किया। श्री राम स्वयं एक धर्म हैं और मानवता उनके रक्त में विराजित हैं।

आपके जीवन की सफलता सिर्फ आपके कर्म पर ही नहीं बल्कि मानवता पर भी निर्भर करती है। जब आप किसी के काम आते हैं तब आपके अपने काम स्वयं ही सिद्ध हो जाते हैं। हम मानव अधिकतर तनाव में रहते हैं इस वजह से भी हम किसी और कार्य पर ध्यान नहीं दे पाते हैं और सफलता हाथ नहीं लगती हैं। क्यूंकि किसी भी कार्य की सफलता इसी पर आधारित होती हैं की आप उस काम को कितना दिल लगाकर करते हैं। लेकिन तनाव और चिंता के साथ किया गया कार्य सफल नहीं होता है।

जब हम अपने जीवन में अपने मन, वचन और काया से औरों की मदद करते हैं तब तनाव छूमंतर हो जाता हैं। इसके फलस्वरूप हमें मानसिक शांति और आनंद का अनुभव होता हैं। जब हम अपने मन, वचन और काया को दूसरों की सेवा के लिए उपयोग करते है, तब सब कुछ मिल जाता है। क्यूंकि जब आप दूसरों के लिए कुछ करते हैं, उसी पल खुशी की शुरुआत हो जाती हैं। किसी की मदद करने में आपको कोई नुकसान नहीं हैं बल्कि आप स्वयं के लिए सफलता का एक नया मार्ग खोल देते हैं।

हम इंसान है और हम ही किसी और इंसान की मदद कर सकते हैं। अन्यथा ईश्वर हमें भेड़, बकरी, गधा कुछ भी बना सकता था। लेकिन मानव बनाकर उसने हमें एक जिम्मेदारी दी हैं की जब तक आपका जीवन हैं आप किसी और के काम आते रहे भले ही वो इंसान आपका दुश्मन ही क्यों ना हो।

एक इंसान के तौर पर हमें किसी और के लिए आदर्श बनना चाहिए। आपने देखा होगा की कोई अमुख व्यक्ति जब किसी की मदद करता हैं, या दान करता हैं, तब आपके दिल में उसके लिए एक अलग ही जगह बन जाती हैं। आप उसके बारे में अच्छा सोचते हैं और आप भी उसके जैसा बनना चाहते है। किसी की मदद करते समय आप भूल जाएं की आप

उसकी मदद कर रहे हैं आपके भीतर मदद करने का घमंड नहीं आना चाहिए। किसी की मदद कर आपने कोई महान कार्य नहीं किया हैं बल्कि ईश्वर ने आपको बेहतरीन कार्य करने का एक अवसर प्रदान किया हैं। ये ईश्वर की आज्ञा हैं और उसकी आज्ञा की अवज्ञा आपको कभी नहीं करना चाहिए। दरअसल, इसी बहाने वो आपको परीक्षा ले रहा होता हैं।

फ़िल्मी परदे पर हीरो की भूमिका अदा करनेवाला उस बात के पैसे लेता हैं लेकिन जब आप किसी की मदद करते हैं तब आप उस व्यक्ति की नज़र में हीरो बन जाते हैं। हीरो का काम होता हैं अच्छा करना। आज आप किसी की मदद करते हैं तब आपके मदद के लिए भी दस हाथ कहीं और से खड़े हो जाते हैं। यही प्रकृति का नियम हैं। नेकी कर दरिया में डाल और आप जैसे लोग ही सुनहरा इतिहास लिखते हैं। इतिहास भी हर किसी का नहीं लिखा जाता हैं। इतिहास उसी का लिखा जाता हैं जिसमे कुछ अलग बात होती हैं।

आप सोचियें मानव के रूप में जिन देवी देवताओं ने अवतार लिए उन सभी की ज़िंदगी का एक ही लक्ष्य था धर्म की स्थापना करना और मदद करना। श्री राम का अवतार रावण का वध कर धर्म की स्थापना के लिए था। श्री कृष्णा का अवतार कौरवो के अत्याचार से प्रजा को मुक्ति दिलाने के लिए था। कंस को मारकर भी श्री कृष्णा ने प्रजा की मदद ही की थीं। फिर इंसान के रूप में भी आपका जन्म किसी अच्छे काम के लिए हुआ हैं ! वो अच्छा काम हैं किसी की मदद करना वो भी निस्वार्थ भावना के साथ।

अब आप सोचियें की अंधेरी सुनसान सड़क पर रात के समय किसी की गाड़ी अचानक ख़राब हो गयी हैं और वहा से आने जाने वाले हर गाड़ी वाले से वो मदद मांग रहा हैं लेकिन कोई अपनी गाड़ी रोककर उसकी मदद ना करें और फिर वो अपने किसी मित्र को फ़ोन कर मदद के लिए पचास किलोमीटर दूर से बुलाएं तो क्या वो इस घटना को कभी भूल सकेगा ? कभी नहीं ! हो सकता हैं की उसके मन में ये बात आ जाएं की आज ज़रूरत के समय किसी ने उसकी मदद नहीं की अब वो भी किसी की मदद नहीं करेगा तो सोच लीजिये कितने ही लोग उसके मदद से वंचित रह जायेंगे !

दूसरे की मदद करना धर्म की स्थापना करने जैसा हैं। दुनिया का कोई भी धर्म हो दूसरे की मदद करना सबसे बेहतर कर्म माना जाता हैं। किसी भूखे को रोटी खिला दो, अंधे को राह दिखा दो, बुजुर्ग की लाठी बन जाओ। फिर देखो, ईश्वर स्वयं तुम्हारा धन्यवाद कहने चला आएगा। समाज को बुराई से मुक्त करना हैं तो आपको दूसरे की मदद करना ही होगा। अब आप सोचेंगे की मेरे अकेले के मदद करने से समाज में क्या भला हो पायेगा ? तो कहानी ऐसी हैं की हर इंसान अगर ऐसा ही सोचने लगे तो दुनिया में कोई भी अच्छा काम नहीं करेगा। लेकिन दुनिया में अच्छे लोग भी है जो निस्वार्थ भाव से किसी ना किसी की मदद करते रहते है।

एक स्वतंत्र पत्रकार हैं मनीष कश्यप। बिहार से आते हैं और अपनी तेज़ तर्रार पत्रकारिता के लिए जाने जाते हैं। निर्भीक और निडर किस्म के इंसान हैं। जितना कमाते हैं उसमे से कुछ ना कुछ वो लोगो की मदद में उपयोग कर देते है। किसी स्कूल में कंप्यूटर लगवा दिया। किसी भूखे को भोजन खिलाकर उसका पेट भर दिया। किसी की टपकती छत को ठीक करवा दिया। किसी बुजुर्ग की आँख बन उनका इलाज़ करवा दिया।

अगर मनीष कश्यप भी यही सोच कर चले की मैं किसी की मदद क्यों करूँ! ये पैसे अपने बुढ़ापे के लिए बचाकर ना रख लूँ ! अपने घर को और भी अधिक आलीशान ना बनवा लूँ तो क्या समाज में भला हो पाएगा ? मनीष कश्यप जैसे इंसान खुद को जवाब नहीं दे पाएंगे क्यूंकि उनका ज़मीर ये कहता हैं की उनका जन्म किसी की मदद के लिए हुआ हैं। धन्य हैं ऐसे माता- पिता जिन्होंने मनीष कश्यप जैसे पुत्र को जन्म दिया हैं।

धर्म केवल मानव सेवा में ही नहीं हैं बल्कि माता-पिता की सेवा में भी हैं। मानव सेवा से आप भगवान को खुश कर सकते है लेकिन माता-पिता की सेवा करना मतलब ईश्वर की सेवा करना होता हैं। इस दुनियां में हर वो इंसान खुशनसीब हैं जिसे माता-पिता का आशीर्वाद मिला हैं और माता-पिता उनके साथ रहते हैं। बदकिस्मती उनकी होती हैं जो अपने ईश्वर अर्थात माता-पिता को बोझ मानते हैं।

आपके आस पास आपने देखा होगा कितने ही लोग ऐसे हैं जो एक समय खूब धनवान हुआ करते थे सुख सुविधा का हर साधन उनके पास था लेकिन आज अचानक से निर्धन हो गए हैं। ये कहते सुना होगा की व्यापार में नुकसान हो गया हैं। लेकिन ये नुकसान अचानक नहीं होता हैं बल्कि माता-पिता की सेवा ना करने का दंड मिला हैं। आज जिस तरह से वृद्धाश्रमों की संख्या बढ़ रही हैं और तीर्थस्थानों में उम्रदराज भिखारियों को देख सकते हैं ये इस बात का परिणाम हैं की आज बहुत से माता-पिता किस दयनीय अवस्था में है।

जिन माता-पिता ने अपना खून जलाकर आपको पढ़ाया लिखाया योग्य बनाया। अपने हिस्से की रोटी तक खिला दी आज वो दर दर की ठोकरें खाते हैं। ज़रा सोचियें ! आपको ज़रा सा सिरदर्द हो जाएं तो आप व्याकुल हो जाते हैं लेकिन वो माता-पिता जिनके पास ना रहने के लिए घर हैं और ना दो वक्त की रोटी का इंतज़ाम। बीमार हो गए तो पैसे तक नहीं की अपना इलाज़ करवा सकें, उनके मुख से अपनी संतानो के लिए क्या आशीर्वाद निकलेगा ? संसार का कोई भी माता-पिता अपने संतान का अपयश कभी नहीं चाहता हैं, भले ही आपने उसे कितनी ही तकलीफ क्यों ना दी हो ! लेकिन ईश्वर हर कहानी को करीब से देखता हैं। माता-पिता की पूजा के बाद भगवान की पूजा की जाती हैं और आप भगवान रूपी माता-पिता को तकलीफ देंगे तो खुश कैसे रह सकेंगे ?

अभिवादनशीलस्य नित्यं वृद्धोपसेविनः चत्वारि तस्य वर्धन्ते
आयुर्विद्या यशो बलम्॥

वृद्धजनों को सर्वदा अभिवादन अर्थात सादर प्रणाम, नमस्कार, चरण स्पर्श तथा उनकी नित्य सेवा करने वाले मनुष्य की आयु, विद्या, यश और बल-ये चारों बढ़ते हैं।

इस संसार की हर वो सफलता अधूरी हैं जिसमे आपके माता-पिता का साथ ना हो या वो आपके साथ नहीं। आप कितने भी सफल क्यों ना बन जाओ अगर माता-पिता के साथ अपने अच्छा आचरण नहीं किया तो आप नीचे की तरफ ज़ोर से गिरेंगे, इतनी ज़ोर से की आपको ज़मीन तक नसीब ना हो सकेगी।

अगर आप अपने जीवन में एक लक्ष्य लेकर निकले हैं की आपको सफलता प्राप्त करनी हैं। तो आप इस बात को गाँठ बाँध लीजिये की सफलता के पथ पर आप तभी सफल हो पाएंगे जब आप अपनी यात्रा में अकेले नहीं बल्कि उन लोगो को मदद करते हुए आगे बढ़ेंगे जो आप ही की तरह सफल होना चाहते हैं। आप मदद करते रहियें, ईश्वर आपकी मदद करता रहेगा। सफलता आपको कब प्राप्त हो जाएगी आपको पता भी नहीं चलेगा ! और सफलता में अपने माता-पिता को अपना साथी बना लीजिये। सफलता का स्वाद चखने का मज़ा ही कुछ और आएगा।

समस्या ये भी की लोग मदद करने से डरते हैं की कहीं मेरी मदद से ये इंसान अमीर ना बन जाएं ! अगर ये अमीर बन गया और मैं गरीब ही रह गया तो ? कभी-कभी हमारे भीतर का घमंड भी हमें अच्छे काम नहीं करने देता हैं। लेकिन आप बस एक ही बात स्मरण रखे, आज आपने किसी की मदद की हैं तो आपको भी कहीं ना कहीं से मदद मिलेगी। श्री राम हर किसी के कर्म को याद रखते हैं। आपको कलयुग के ज़माने का केकड़ा बनकर किसी के पैर नहीं खींचना हैं बल्कि एक सारथी और साथी बनकर उसके साथ चलना हैं। इस तरह से आप एक मैनेजमेंट भी सीखते हैं की अपनी टीम को अपने प्रोफेसनल काम में किस तरह से लेकर चलना हैं। आप बहुत कुछ सीखते हैं और सीखने वाला इंसान ज़िंदगी में बहुत सफलता प्राप्त करता हैं।

4

कृतज्ञ (विनम्रता और अपनत्व से भरा)

कृतज्ञता महसूस करना और इसे व्यक्त न करना ठीक ऐसे ही है जैसे एक उपहार को ढके रखना और इसे न देना।– विलियम आर्थर वार्ड

'कृतज्ञ' का अर्थ होता है अपने प्रति किये गये किसी दूसरे के नेक कार्यों या उपकारो को सदैव याद रखने वाला। कृतज्ञता की अपेक्षा हर किसी से नहीं कर सकते हैं। क्यूंकि कुछ लोग ऐसे होते हैं जो अपना बुरा समय निकल जाने के बाद सामने वाले इंसान के अच्छे कर्मो को भूल जाते हैं। एक नेक दिल इंसान के भीतर ये चीज़ नहीं होती हैं। वह अपने साथ किये गए हर अच्छे कर्म को याद रखता हैं। इसका निर्णय आप कीजिये की आप नेकदिल इंसान हैं या मौक़ापरस्त इंसान?

तुम किसी भूखे कुत्ते को उठा लो और उसकी देख भाल करके खुश करो, तो वह तुम्हें कभी न काटेगा।

मनुष्य और कुत्ते में सिर्फ़ यही अंतर हैं। – मार्कट्वेन

बहुत समय पहले की बात हैं एक जंगल के बीच से एक साधु महात्मा गुजर रहे थे। एक ऐसा जंगल जिसके चारो तरफ हरियाली ही हरियाली थीं। पेड़ों पर फल और फूल लगे थे। मानो वो जंगल किसी स्वर्गलोक की अनुभूति करा रहा हो।

तभी साधु की नज़र एक तोते पर पड़ती हैं जो बहुत उदास होकर एक सूखे पेड़ पर बैठा था। साधु मन ही मन सोचने लगा की इस जंगल में चारो तरफ हरियाली है। पेड़ों पर फल और फूल लगे हैं लेकिन ये तोता इस सूखे पेड़ पर क्यों बैठा हैं और इतना उदास क्यों हैं ?

साधु ने उस तोते से पूछा ,"यहाँ हर तरफ हरियाली हैं, पेड़ फूल और फल से लदे हैं और तुम इस सूखे पेड़ पर उदास क्यों बैठे हो।"

तोता दुखी मन से कहता हैं। "महाराज कुछ दिन पहले तक ये पेड़ भी हरा भरा था। फूल और फल से लदा था। इस पेड़ ने मुझे फल खिलाया। गर्मी में छाँव दिया। बारिश में भीगने से बचाया। आंधी और तूफ़ान से मेरी रक्षा की हैं और बरसो तक मेरा मित्र बनकर मेरी सेवा करता रहा। फिर आज जब ये पेड़ दुःख की घड़ी में हैं तो मैं इसका साथ छोड़ दूँ ? मैं ईश्वर को क्या जवाब दूंगा?

इतना सुनकर साधु महात्मा बोले "इस पेड़ के प्रति तुम्हारा अटूट प्रेम, श्रध्दा, मित्रता देख मैं बेहद खुश हूँ की तुम कैसे आज भी इस पेड़ के प्रति कृतज्ञ हो। और इतना कहते हैं साधु का भेष बदल जाता हैं और वह विष्णु जी के रूप में दिखाई देने लगते हैं।

उस पेड़ को भगवान विष्णु ने फिर से हरा भरा कर दिया। अब उस पेड़ पर फिर से मीठे मीठे फल दिखने लगे। जीवन में हमारी भलाई करने वाले के लिए हमेशा कृतज्ञ रहना चाहिए। जब एक तोता एक पेड़ के प्रति कृतज्ञ हो सकता हैं तो हम तो इंसान हैं। हमें भी हर किसी के साथ भला ही करना चाहिए।

समस्त सुन्दर कलाओं का सार, सभी महान कलाओं का सार, कृतज्ञता ही है. – फ्रेडरिक नीत्से

कृतज्ञता से विनम्रता और अपनत्व का भाव आता है। कृतज्ञता से आत्मसंतुष्टि मिलती हैं। जब आप धन्यवाद कहना सीख जाते हैं तब आप बेहतर इंसान बनने की राह पर होते हैं, और सफलता के लिए कृतज्ञता का होना आवश्यक होता हैं। क्यूंकि सामने वाला आपके साथ हमेशा अच्छा करता रहे और आप उसे धन्यवाद तक ना कहें तो ये इंसान के तौर पर आपकी बेवकूफ हरकत होगी। फिर आप किसी पर दोष नहीं लगा सकते हैं की अमुख व्यक्ति ने आपके मुसीबत के समय में आपकी

मदद क्यों नहीं की ?

कृतज्ञता आपके भीतर एक अच्छे इंसान के चरित्र को बनाती हैं। कृतज्ञता आपको आपकी जिम्मेदारी का एहसास कराती है। आपको एक बेहतर इंसान के तौर पर समझदार बनाती हैं। आपकी परिपक्वता को उजागर करती है।

कृतज्ञता का आदान प्रदान दोनों ही तरफ से होता हैं। मनुष्य देवी देवताओ की पूजा करता है, जिससे देवताओ को शक्ति मिलती है, उसके बदले में देवता भी कृतज्ञ होकर मनुष्य के सुख दुःख में साथ खड़े रहते है।

जैसे श्री राम की सहायता करोड़ो वानरों ने की थी, जब युद्ध समाप्त हुआ, रावण का उद्धार हुआ उसके बाद श्री राम सभी वानर सेना के प्रति कृतज्ञ हुए और सभी को गोलोक और मोक्ष की प्राप्ति हुयी।

कलयुग में कृतज्ञता का भाव सिर्फ THANKS बोलकर समाप्त कर दिया जाता है। आपकी सहायता करने वाला तो अपने धर्म का पालन कर लेता है, पर सहायता प्राप्त करने वाला कभी भी अपनी कृतज्ञता को THANKS या धन्यवाद की आड़ में बराबर नहीं कर सकता। कृतज्ञता को सही तरह से व्यक्त करने के लिए आपको स्वयं को एक वचन देना होता हैं की आज इस व्यक्ति ने मेरी सहायता की हैं कल समय आने पर मैं इसकी सहायता करूंगा। कृतज्ञता तब तक बराबर नहीं होती हैं जब तक की आप अपने वचन का पालन पूरा नहीं कर लेते हैं।

कृतज्ञता केवल सहायता करने वाले के प्रति ही व्यक्त नहीं की जाती है बल्कि कुछ अनदेखी चीज़ें उनके प्रति भी करना चाहिए। जैसे आज के दिन के लिए धन्यवाद कीजिये क्यूंकि बहुत से लोग ऐसे हैं जिन्होंने आज का दिन नहीं देखा होगा, वो काल के गर्त में समां गए होंगे। आपके पास आज जो कुछ भी हैं उसके लिए कृतज्ञ रहियें क्यूंकि जो आपके पास हैं वो बहुत से लोगो के पास नहीं हैं। आपकी हर सांस के लिए कृतज्ञ रहियें। आपके अपने शरीर के प्रति कृतज्ञ रहो क्यूंकि बहुत से लोग शारीरिक रूप से विकलांग होते हैं।

उन सभी लोगो के प्रति कृतज्ञ रहो जिन लोगो ने जाने अनजाने में आपकी किसी भी तरह से सहायता की हो। अपने माता-पिता के प्रति

कृतज्ञ रहो क्यूंकि ये कीमती जीवन उनकी ही कृपा से मिला हैं। आपके उन मित्रो के प्रति कृतज्ञ रहो जो आपकी हर ज़रूरत के समय किसी भी समय आपके साथ खड़े रहते हैं। कृतज्ञ रहो उन सभी शक्तियों का जिनकी वजह से आप आगे बढ़ रहे हैं और बेहतर जीवन जी रहे हैं।

आप अपने पास उस लिस्ट को बनाकर रख लीजिये जिसके प्रति आप कृतज्ञ है। उन चीज़ो को जिन्हे आप रोज़मर्रा की ज़िंदगी में अनुभव करते हैं। अगर आप हर रोज़, हर चीज़ के प्रति कृतज्ञ हैं। हर बात के लिए धन्यवाद कहते हैं तो आप यकीन मानियें आपकी ज़िंदगी हर रोज़ बेहतर बन रही हैं इतनी बेहतर की आप कल्पना तक नहीं कर सकते हैं।

कई रीसर्च में इस बात का खुलासा हो चुका हैं की अगर आप हर रोज़ किसी ना किसी चीज़ के लिए कृतज्ञ हैं, धन्यवाद कहते हैं, तो आप मानसिक तौर पर बेहद मजबूत बन जाते हैं। डिप्रेसन कम होता हैं और आप को रिश्ते में मज़बूती मिलती हैं। अच्छी बात ये हैं की ये काफी लंबे समय तक रहता हैं। अपनी ज़िंदगी को आप आनंदित होकर निकालते हैं। आप कम चिंता करते हैं और बिना किसी रुकावट के अपनी ज़िंदगी में आगे बढ़ते रहते हैं।

लेकिन आपको इस बात का भी ध्यान देना होगा की क्या सच में आप दिल से धन्यवाद कहते हैं या फिर किसी की देखा देखी ! क्यूंकि जब तक आप अपने दिल से नकारात्मक चीज़ नहीं निकालते हैं तब तक आप सही मायने में किसी के लिए कृतज्ञ नहीं हो सकते हैं। क्यूंकि कृतज्ञ होना ये केवल सुनने के लिए मात्र एक शब्द नहीं हैं बल्कि ये आपकी सफलता के लिए नए रास्ते तक खोल देता हैं। क्यूंकि जब आप किसी को धन्यवाद कहते हैं तब ये ब्रह्मांड आपको बहुत कुछ देता हैं।

प्रभु श्री राम में इतनी शक्ति थीं की वो लंका ना जाकर भी रावण का सर्वनाश कर सकते थे, किन्तु उन्होंने अपने साथ वानरों की सेना, नल और नील, सुग्रीव, जामवंत, हनुमान जी, विभीषण, हर किस की सहायता को लिया। युद्ध समाप्त होने के बाद उन्होंने हर किसी का धन्यवाद कहा। जब प्रभु श्री राम किसी का धन्यवाद कह सकते हैं तो आप तो उनके भक्त हैं आप क्यों नहीं कह सकते हैं?

कृतज्ञता व्यक्त करते समय आपका स्वार्थ नहीं दिखना चाहिए की मैंने इसकी सहायता कर दी हैं कल मुझे ज़रूरत होगी तो इसे करना ही होगा। अगर आप दिल से कृतज्ञता व्यक्त करते हैं तो आपको कहने की ज़रूरत नहीं होती हैं। सामनेवाला व्यक्ति आपके सच्चे भाव को समझ ही लेगा। एक रिश्ता भी लंबे समय तक इसी वजह से बना रहता हैं क्यूंकि इस रिश्ते में स्वार्थ नहीं होता हैं। स्वार्थ के आते ही रिश्ता समाप्त हो जाता हैं।

मेरे ऐसे कई मित्र हैं जो समय पड़ने पर मेरी मदद करते हैं। मेरा उनके साथ कोई एग्रीमेंट नहीं होता हैं की आज आपने मेरी मदद की हैं तो कल मैं आपकी मदद करूंगा या फिर वो इस तरह की उम्मीद करते हैं। बल्कि समय पड़ने पर मैंने भी कई बार अपने मित्रों की सहायता की हैं। यही चीज़ आपको याद रखनी होती हैं।

5

सत्य (सच बोलने वाला, ईमानदार)

जो व्यक्ति छोटी -छोटी बातों में सच्चाई को गंभीरता से नहीं लेता उस पर बड़ी बातों में भी विश्वास नहीं किया जा सकता। - अल्बर्ट आइन्स्टीन

खुद की तुलना किसी और के साथ करना बंद करो। तुम सबसे बेहतर हो। अपने लक्ष्य की और बढ़ते रहो, जितना तुम सोचते हो, वो उस से कहीं ज्यादा नज़दीक है। अपनी सोच को सकारात्मक रखोगे तो हर चीज का सामना हो सकता है। खुद को इतना मजबूत बनाओ कि कोई चाह कर भी आपको अपने लक्ष्य से दूर न कर पाए।

अपनी ज़िंदगी में वही इंसान सफल होता हैं जो ईमानदार हैं जो सच के साथ चलता हैं। जो झूट नहीं बोलता है। अब आप कहेंगे की झूट बोलने और सच बोलने से कोई इंसान अपनी ज़िंदगी में सफल और असफल कैसे हो सकता हैं ! मैं तो हमेशा सच कहता हूँ फिर सफल क्यों नहीं हूँ ? बल्कि मैंने ऐसे कई लोगो को देखा हैं जो लगातर झूट बोलते हैं लेकिन पैसे भी कमाते हैं और सफल भी हैं। और तो और लोग उन्हें पसंद भी करते है।

प्रभु श्री राम कहते हैं जो सच के मार्ग पर चलता हैं उसे शुरुवात में परेशानी तो आती हैं लेकिन उसका जीवन कभी रुकता नहीं है। अर्थात जिन लोगो को आप देखते हैं की वो बहुत परेशान है। खूब मेहनत करते है

लेकिन सफलता हाथ नहीं लगती हैं। उनका जीवन ऐसा होता हैं की एक एक पैसे के लिए और अपने सपनो को पूरा करने के लिए तरसना पड़ता हैं। तो कहानी उनके जीवन की ऐसी होती हैं की लोग मेहनत तो खूब करते हैं लेकिन उनकी ज़िंदगी का जो लक्ष्य होता हैं वो उन्होंने निधारित नहीं किया होता हैं।

इसे एक उदाहरण से समझ सकते हैं की आपने दिवाली का एक राकेट जलाया लेकिन उसमे ना तो कोई दिशा निर्देश है ना उसे किसी लक्ष्य पर जाना हैं। जैसे ही आप उसमे आग लगाते हैं वो कहीं भी, किसी भी दिशा में भागने लगता हैं। कभी कभार तो किसी के घर में घुस जाता हैं और भयंकर आग लग जाती हैं। जबकि एक राकेट जो अंतरिक्ष में उड़ने वाला होता हैं जिसे वैज्ञानिकों ने एक दिशा निर्देश दिया होता हैं। कहा जाना हैं, कब तक पहुंच जाएगा, हर एक जानकारी उसमे रहती है। और वो अपनी मंज़िल तक पहुंच भी जाता हैं।

एक राकेट वो हैं जिसे आपने दिशा निर्देश नहीं दिया तो घर में आग लग जाती हैं। और एक राकेट वो हैं जिसे आपने दिशा निर्देश दिया तो वो अपनी मंज़िल पर पहुंच गयी। कहने का मतलब ये हैं की आपको सिर्फ गधे की तरह मेहनत नहीं करनी हैं बल्कि अपना सही लक्ष्य बनाकर ईमानदारी से मेहनत करनी होती हैं। एक सच्चे श्रद्धा और लगन के साथ।

इस संसार में कई लोग ऐसे हैं जो बिना मेहनत किये ही सब कुछ प्राप्त कर लेना चाहते हैं। जब तक हम अपने साथ, अपने जीवन के प्रति ईमानदार नहीं होते हैं तब तक सफल नहीं हो पाते हैं। बहुत से ऐसे लोग हैं जो सत्य के साथ भी नहीं चल पाते हैं।

हर व्यक्ति संगीतज्ञ नहीं हो सकता। हर व्यक्ति लेखक नहीं हो सकता। गाना तो हर कोई गुनगुनाता है, लेकिन वह गायक तो नहीं हो सकता। इसलिए आपको अपना लक्ष्य बनाना होगा की आप किस कार्य में बेहतर हैं। किस कार्य को करते हुए आप थकान महसूस नहीं करते हैं। किस कार्य को आप बड़े ही सरलता से कर लेते हैं। याद रखें, अर्जुन की वह बात, जब उसने कहा कि मुझे कुछ नहीं, केवल चिड़िया की आँख दिख रही है। अर्जुन का लक्ष्य साफ़ था इसलिए अर्जुन की विजय होती

हैं। आपका लक्ष्य भी साफ़ होगा तो विजय भी आप ही की होगी।

सफलता एक गंतव्य न होकर, लगातार जारी रहने वाली एक यात्रा है, जिसमें यात्री आगे-से-आगे बढ़ता जाता है। थककर, या सन्तुष्ट होकर बैठना सफलता नहीं है। जीतने का ज़ज़्बा, अनुशासन एवं व्यवहार कुशलता के साथ ईश्वर में आस्था, आपको सफल होने में निश्चित ही मदद करते हैं।

तारीफ़ सबको पसंद है चाहे वह झूठी ही क्यों न हो और निंदा किसी को पसंद नहीं चाहे वह सच्ची ही क्यों न हो। बस यही पर आकर कुछ लोग मार्ग भटक जाते हैं। क्यूंकि हम झूठी तारीफ के भूखे होते हैं, सत्य बात हम सुन ही नहीं सकते हैं। बल्कि कुछ लोग झूटी प्रशंसा कर हमसे अपना कार्य करवा लेते हैं।

सच बात बोलने का साहस हर किसी में नहीं होता हैं। लेकिन सच बोलने से आप अपने जीवन में आज नहीं तो कल सफल ज़रूर हो जाते हो। सच का मार्ग कठिन होता हैं। सच बोलने वाला इंसान किसी के प्रति ईमानदार हो या ना हो लेकिन वो अपने प्रति ज़रूर ईमानदार बना रहता है और ईमानदारी हर किसी के बस की बात भी नहीं।

सत्य की चर्चा जब भी की जाती है "राजा हरिश्चंद्र" का नाम जरूर लिया जाता है। हमें जब भी सच बोलने की मिसाल दी जाती है तो सत्यवादी हरिश्चंद्र की दी जाती है। हरिश्चंद्र की सत्यवादिता और त्याग की कहानी हमेशा सुनने को मिलती हैं। राजा हरिश्चंद 'इक्ष्वाकु' वंश के थे। उनका राज्य पूरी तरह से सुख और समृद्धि से परिपूर्ण था। उनके बारे में एक ऐसी मान्यता थीं की राजा हरिश्चंद्र अगर सपने में भी कोई वचन दे दें तो उसे पूरा करते थे। हरिश्चंद्र की पत्नी का नाम तारामती और पुत्र का नाम रोहिताश्व था. उनका पारिवारिक जीवन बहुत ही सुखद था।

राजा की सत्यवादी होने की कहानी दूर दूर तक फ़ैल गयी थीं। महर्षि विश्वामित्र ने हरिश्चन्द्र की परीक्षा लेने का निर्णय किया और राजा को एक सपना दिया। राजा हरिश्चंद्र ने अपने सपने में देखा कि उनके महल में कोई ऋषिमुनि आए हैं और वे उनका सत्कार कर रहे है। राजा ने सपने में ही इस ऋषिमुनि को अपना पूरा राज्य दान में दे दिया। नींद से जागने

के बाद राजा इस सपने को भूल गए। लेकिन इसके अगले ही दिन महर्षि विश्वामित्र राजा के दरबार में आ गए और सपने के बारे में याद दिलाया। याद कराने पर राजा को सपना याद आ गया। राजा ने अपने राज्य को दान में देने की बात को स्वीकार किया।

सपने के मुताबिक राजा ने अपना पूरा राज्य विश्वामित्र को दे दिया और राजगद्दी से उतर आएं। दान देने के बाद दक्षिणा देने की भी परंपरा थीं। अब राजा ने यही पर एक गलती कर दी और बाद में क्षमा भी मांग ली। राजा ने अपने मंत्री को कहा राज कोष से दक्षिणा दी जाए। इस पर विश्वामित्र क्रोधित हो गए और कहा की जब राज्य तुम्हारा नहीं रहा तो राजकोष कैसे तुम्हारा हो गया।

राजा को अपनी गलती का बोध हुआ और उन्होंने कुछ दिन की मोहलत मांग ली। इस बात पर विश्वामित्र सहमत हो गए। इसके बाद राजा काशी चले गए। काशी आने के बाद उन्होंने स्वयं को शमशान के डोम को बेच दिया। राजा अब रंक हो चुके थे और ईमानदारी से शमसान घाट पर अपना कर्तव्य निभा रहे थे। शमशान घाट पर जो भी शव जलाने आता, राजा उनसे कर भी वसूलते थे।

एक दिन राजा के पुत्र को एक सांप डंस लेता हैं और उसकी मृत्यु हो जाती है। अब रानी अपने पुत्र के शव को लेकर शमसान घाट जाती है। राजा अपने पुत्र और पत्नी को पहचान लेते हैं लेकिन अपना कर्तव्य नहीं भूलते हैं वो रानी से कहते हैं की बिना पैसे दिए तुम अपने पुत्र का अंतिम संस्कार यहाँ नहीं कर सकती हो।

अब रानी के पास कोई उपाय नहीं था वो केवल रोती रहीं। तब राजा कहते हैं की तुम अगर अपनी साड़ी का कुछ भाग फाड़कर हमें दे दो तो हम उसे ही कर समझ कर रख लेंगे। रानी इस बात पर सहमत हो जाती हैं और जैसे ही अपनी साड़ी चीरनेवाली होती हैं तभी एक आकाशवाणी होती हैं और विश्वामित्र प्रकट होते हैं। वह राजा के पुत्र को जीवित कर देते हैं और आशीर्वाद भी देते है।

विश्वामित्र ने बताया कि वे राजा हरिश्चंद्र की परीक्षा ले रहे थे, जिसमें वे खरे उतरे हैं। बाद में महर्षि ने उनका राजपाट भी लौटा दिया। महर्षि ने कहा कि सत्य और धर्म की जब भी बात आएगी राजा हरिश्चंद्र

का नाम सम्मान और आदर्श के साथ लिया जाएगा।

इस कहानी से यही सीख मिलती हैं की आप सत्य के मार्ग से विचलित ना हो, ईश्वर आपकी परीक्षा ले रहा है की आप जिस कार्य को कर रहे है। आप जिस कार्य में सफल होना चाहते हैं, क्या आप सच में उस लायक हैं या नहीं। हर इंसान को सफल होने के लिए बहुत कुछ साबित करना होता हैं। अगर उसने साबित कर दिया की ये सफलता उसका हक़ हैं तो फिर वो सफल हुए बिना नहीं रह सकता हैं।

आप अपने आसपास ही देख सकते हैं की जो व्यक्ति ईमानदार होता हैं, जो सत्यवचन कहता हैं। लोग उस पर विश्वास करते हैं और उस पर किया गया विश्वास ही सफलता की पहली सीढ़ी होता हैं। क्या आप किसी ऐसे इंसान को अपने साथ रखेंगे जो हर बात पर झूट बोलता हो, बहानेबाजी करता हो, गंभीर ना हो, ईमानदार ना हो ! शायद कभी नहीं। क्यूंकि इस तरह के इंसान आपको हर जगह डूबा देंगे वो भी बिना पानी और समंदर के। ये आपके लक्ष्य में सबसे बड़े बाधक होते है ऐसे लोगो से जितना दुरी बनाकर रखेंगे उतना बेहतर है।

'सच' और 'झूट' की एक ऐसी ही कहानी हैं जिसे सुनकर आप बहुत कुछ सीख सकते हैं। एक बार सच और झूठ दोनों दोस्त थे। दोनों साथ साथ रहते थे। साथ खाते, साथ सोते मतलब सब काम साथ करते थे।

एक दिन दोनों शाम को सोए और जब सुबह उठे तो देखा रात को बरसात हो गई थी। बाहर निकले तो झूठ ने कहा कि चलो सच आज बाहर घूम कर आते हैं। ये सब सुन कर सच, झूठ के साथ चल पड़ा। बाहर घूमें फिरे दूसरों से मिले तो वहाँ पर सच का बड़ा आदर हुआ क्योंकि सच सुंदर लिबास पहने हुए था।

ये सब देख कर झूठ को मन ही मन बड़ा गुस्सा आया। और उसके मन में एक उपाय सूझा। उसने सच से कहा कि चलो भाई यहाँ बहुत घूम लिये अब मैं थकने लगा हूँ। झूठ बात पर सहमत होते हुए, सच वापिस घर की तरफ़ चल दिया।

घर पहुँच कर झूठ ने कहा चलो नहाते हैं दिन भर की थकान दूर करने का इससे बढ़िया तरीक़ा नहीं होता।

दोनों की सहमती हुई और नहाने लगे। तब झूठ ने अपनी चाल चली। वह झट से बाहर निकला और अपने कपड़े पहन कर सच के कपड़े लेकर भाग निकला।

सच कुएँ से बाहर निकला और कपड़े तलाशे जो वहाँ नहीं थे। अब सच, झूठ की करतूत समझ चुका था। इसलिये उसने झूठ की तलाश शुरू कर दी। जैसे वह झूठ के पीछे बाहर निकला लोगों ने उसे बहुत भला बुरा कहा। और इतना अपमानित किया कि वह फिर से अपने घर में बने कुए में जा छिपा।

तब से सच नंगा है इसलिये कोई उस नंगे को बर्दाश्त नहीं करता। सभी उसे रोकने लगते हैं कि बाहर ना निकले।

आपको अपने जीवन में सफलता पानी हैं तो ईमानदारी से इन तीन चीज़ो का अनुशरण करे। दुनिया का ऐसा कोई कार्य नहीं हैं जो आप पूरा नहीं कर सकते हैं। ये तीन चीज़े हैं, कोशिश, सच, विश्वास। बेहतर और सुंदर भविष्य के लिए निरंतर कोशिश करते रहे, अपने काम के साथ सच को साथ रखें, भगवान में हमेशा विश्वास रखो। इन तीनों शब्दों को जिंदगी में जो व्यक्ति धारण कर लेता है वह सफलता दर सफलता प्राप्त कर लेता है।

6

दृढ़प्रतिज्ञ (मजबूत हौंसले वाला)

जब हौंसला बना लिया, ऊँची उड़ान का, फिर देखना फिजूल है, कद आसमान का...

मज़बूत हौंसले वाला इंसान होना मतलब किसी भी कार्य के लिए दृढ प्रतिज्ञा कर लेना या आप ये भी कह सकते हैं की भीष्मप्रतिज्ञा कर लेना। कुछ भी हो जाएं, बड़ी से बड़ी मुश्किल क्यों ना आ जाएं, अगर आपने पक्का इरादा कर लिया है की आपको अपना लक्ष्य पाकर ही रहना हैं, तो आपको दुनिया की कोई शक्ति पराजित नहीं कर सकती है। क्यूंकि इंसान तो छोड़ दीजिये, ऐसे लोगो का साथ स्वयं भगवान भी देते हैं।

चौंक जाएंगे मेरी उड़ान देख कर ऐसा मैं अपना जरिया बदल दूंगा, जो मुझे नाकारा समझते हैं, एक दिन मैं उन सब का नजरिया बदल दूंगा।

अमेरिका के रहनेवाले मोरिस गुडमैन, जिन्हें चमत्कारी मानव भी कहा जाता हैं। एक बार उन्होंने खुद से ही जहाज उड़ाने का फैसला किया। जब वो आकाश की उंचाईयों में थे, उसी समय उनके जहाज का इंजन बिना किसी चेतावनी के बंद हो गया। लैंडिंग करने के दौरान उनका विमान क्रैश हो गया और वो बुरी तरह से घायल हो गए ।

उनकी रीढ़ की हड्डी टूट गयी, निगलने की शक्ति चली गयी। ना चल सकते थे और ना ही सांस ले सकते थे। केवल उनका दिमाग और उनकी आँख सही तरह से काम कर रही थी।

उनकी देखरेख में मौजदू डॉक्टर्स और नर्स हर किसी ने कह दिया की इस इंसान का बचना मुश्किल हैं। बस, ये कुछ दिन का मेहमान हैं। लेकिन मोरिस को इन सब बातो से कुछ फर्क नहीं पड़ रहा था। उन्होंने अपने दिमाग में ये बैठा लिया था की क्रिसमस तक वो अपने पैरों पर चलकर इस अस्पताल से जायेंगे। अर्थात उन्होंने दृढ प्रतिज्ञा कर ली थीं। हिम्मत नहीं हारी थीं भले ही हर किसी ने उम्मीद छोड़ दी थीं।

धीरे - धीरे उन्होंने सांस लेना शुरू कर दिया बिना किसी ऑक्सीजन यंत्र की सहायता से और क्रिसमस तक मोरिस स्वयं उठ खड़े हो गए और अस्पताल से चलकर अपने घर गए। उनकी दृढ प्रतिज्ञा काम कर गयी क्यूंकि उन्होंने आसपास की हर नकारात्मक बात को नकार दिया था। यही कार्य हर इंसान को अपने जीवन में प्रयोग लानी चाहिए की एक ऐसा इंसान जिसके जीने की उम्मीद हर किसी ने खो दी थीं वो अपनी दृढ प्रतिज्ञा और इच्छाशक्ति के दम पर अस्पताल से खुद चलकर घर गया। यही वजह हैं की उन्हें चमत्कारी मानव कहा जाता हैं।

मंजिल उन्हीं को मिलती है, जिनके सपनो में जान होती है,
पंख से कुछ नहीं होता, हौसलों से उड़ान होती है।

अब आप मेरी भी कहानी सुन लीजिये। बात साल 2000 की है। दसवीं की बोर्ड परीक्षा में मैं फेल हो गया था। जिस विषय में मैं फेल हुआ था वो गणित था और बाकी के विषय में मेरे नंबर बेहद अच्छे थे। लेकिन वो व्यर्थ हो गए। गणित एक ऐसा विषय था जिससे मुझे बहुत डर लगता था। गणित का नाम सुनते ही मुझे सांप सूंघ जाता था। फेल होने के बाद रिश्तेदार, पडोसी हर किसी ने मेरे मज़ाक उड़ाया। कुछ लोगो ने अपनी निजी दुश्मनी के चलते भी कहा, 'बहुत अच्छा हो गया ये फेल हो गया'।

उन सभी की ये बात मुझे बहुत चुभती थीं। मेरे साथ पढ़नेवाले अब मुझसे एक क्लास आगे हो गए और मैं वही फेल। मुझे लगा मानो मेरी ज़िंदगी पूरी तरह से समाप्त हो गयी हैं। अब मैं कुछ नहीं कर सकता हूँ। लेकिन मेरा परिवार मेरे साथ खड़ा था। मेरे बड़े भाई ने कहा की तुम फिर

से सभी विषय की परीक्षा दो, तुम सिर्फ उसी विषय पर ध्यान दो जिसमे कमज़ोर हो यानी गणित और अंग्रेजी।

मेरी किस्मत अच्छी थीं की मुझे एक बेहतर 'कोचिंग इंस्टिट्यूट' भी मिल गया था। एक साल तक मैंने दिल लगाकर पढ़ाई की, जो गणित का विषय मुझे काटने को दौड़ता था अब वही विषय मैं पानी की तरह पीने लगा था। परीक्षा हुई और मुंबई के प्राइवेट स्टुडेंट्स में मैंने टॉप कर दिया था। जो लोग मेरा मज़ाक उड़ा रहे थे अब वही लोग कह रहे थे की हमें पता था ये लड़का पढ़ने में अच्छा हैं बस किस्मत ख़राब थीं।

जगह जगह मेरे पोस्टर लगे थे और एक अच्छी कॉलेज में मेरा एडमिशन भी हो गया था। क्यूंकि मैंने भी दृढ प्रतिज्ञा कर ली थीं की चाहे कुछ भी हो जाएं पास तो होकर ही रहना हैं। एक दिन मेरी तरफ उठनेवाली हर उंगली भी ताली बजाती नज़र आएगी ! अगर आप की ज़िंदगी में आपके परिवार का साथ हो तो आप बड़ी से बड़ी मुसीबत पार कर सकते हैं। हर क्षेत्र में क़ामयाब बन सकते हैं।

निसिचर हीन करउँ महि भुज उठाइ पन कीन्ह।
सकल मुनिन्ह के आश्रमन्हि जाइ जाइ सुख दीन्ह॥

भावार्थ:- श्री रामजी ने भुजा उठाकर प्रण किया कि मैं पृथ्वी को राक्षसों से रहित कर दूँगा। फिर समस्त मुनियों के आश्रमों में जा-जाकर उनको (दर्शन एवं सम्भाषण का) सुख दिया॥

प्रभु श्री राम का जन्म राक्षस जाति के समूल विनाश के लिए हुआ था। मृत्युलोक में राक्षसों ने इतना उत्पात मचा रखा था की वो जीवित इंसानो को ही अपना आहार बना लिया करते थे। पूजा पाठ में बाधा डालना। हवन करते साधु संतो पर जानवरो और इंसानो की हड्डिया फेंक देना। इन सभी बातो से साधु और संत देवताओं के पास गए थे की हमारा उद्धार कीजिये। हमें इन राक्षसों से मुक्त कर दीजिये।

तब देवताओं ने कहा था की शीघ्र ही मृत्युलोक में प्रभु श्री राम का जन्म होगा और वो असुर जाति का समूल विनाश कर देंगे। श्री राम अपनी शिक्षा पूरी कर जब गुरुकुल से लौटे, और जब उनके समक्ष असुर जाति का विषय आता है की कैसे असुरों ने साधु-संतो का जीना दुस्वार कर रखा हैं। उसके बाद से ही उन्होंने ये प्रतिज्ञा कर ली थीं की वो

मृत्युलोक को राक्षसों से रहित कर देंगे और ऐसा ही किया।

अगर आप किसी भी कार्य को करने की योजना बनाते हैं तो हर कार्य के लिए एक संकल्प लेना पड़ता हैं की इसे पूरा किये बिना मैं चैन की नींद नहीं लेने वाला हूँ। अगर आप सफलता के इच्छुक हैं तो स्वयं से एक वादा कीजिये। एक ऐसी प्रतिज्ञा जब तक आपको सफलता नहीं मिल जातीं हैं तब तक आप चैन से नहीं बैठनेवाले हैं, आपके मेहनत में थोड़ी सी भी कमी नहीं आने देंगे।

आप अपने सफलता के लिए जितना निर्णय लेंगे, सफलता भी आपको उसी अनुपात में प्राप्त होगी। यदि आपका संकल्प, विजय का संकल्प हैं तो सफलता निश्चित हैं।

शेक्सपीयर का कथन है की "साहस और आत्मविश्वास से अवसर की पहचान होती हैं"।

यदि हम एक कोने में बैठकर जीवन गुजारने लगे तो जीवनरूपी बेहतरीन टॉनिक हमारे किसी कारण का नहीं होगा। हमें कोई लाभ नहीं पंहुचा सकेगा। हमें हर रात सोने से पूर्व और प्रातः कार्य आरंभ करने के पहले एक दृढ संकल्प लेना चाहिए "मैं यह कर सकता हूँ और कर के रहूंगा।"

ऐसा भी नहीं होना चाहिए की आपने इच्छा तो कर लिया लेकिन आपके भीतर आत्मविश्वास ही नहीं हैं... की आप इस कार्य को कर सकते हैं। इसके लिए आपको दृढ़ संकल्प लेना ही पड़ता हैं। आपको सफलता पानी है तो रणभूमि में उतरना होगा। बिना तलवार चलाएं आप युद्ध नहीं जीत सकते हैं। बिना पकाएं आप भोजन का स्वाद नहीं ले सकते हैं।

दृढ संकल्प में बहुत शक्ति होती हैं। कोई भी व्यक्ति इस शक्ति के दम पर कुछ भी प्राप्त कर सकता हैं। दृढ़ता ही सफलता की चाबी है। दृढ इच्छा शक्ति के आगे सारी समस्याएं, सारे विघ्न स्वतः ही समाप्त हो जाते हैं। दृढ इच्छा शक्ति वाले व्यक्ति छुपे भाग्य को बाहर ले आते हैं। दृढ संकल्पों के सामने तूफान भी घुटने टेक देते हैं। जीत के लिए जोख़िम तो उठाना ही पड़ता है लेकिन दृढ इच्छा शक्ति वालों के लिए जोख़िम भी उपहार दिखाई देता है।

जीवन में कभी – कभी ऐसा होता है की, हम एक लक्ष्य बनाते है और उस लक्ष्य के मार्ग पर चलते – चलते उस मार्ग से हम अचानक ही भटक जाते है। इसी प्रकार की संभावनाओं को ध्यान मे रखकर हमे योजनापूर्ण संकल्प करना जरुरी है। इससे भविष्य में आपके जीवन में यदि कोई समस्या भी आती है, तो आप पहले से ही उस के लिए तैयार है। हो सकता है, इस वजह से आपको लक्ष्य तक पहुंचने के लिए थोड़ा अधिक समय लग सकता है। लेकिन आप अपना लक्ष्य जरूर हांसिल करोगे।

इस दुनिया में हर व्यक्ति सफल होना चाहता है? किन्तु सफलता का मार्ग आसान नहीं होता है।

इसके लिए कठिन मेहनत के साथ कठोर संकल्प की दरकार होती है।

हम इसीलिए भी असफल हो जाते हैं कि हम खुद को पूरी उम्र पहचान ही नहीं पाते हैं। स्वर साम्राज़ी लता मंगेशकर, क्रिकेट लीजेंड सचिन तेंदुलकर सरीखें व्यक्तित्व ने खुद को बड़ी जल्दी पहचान लिया और फिर उन्होंने पीछे मुड़ कर कभी नहीं देखा। हम संपूर्ण जीवन भ्रम में गुजारते हैं- क्या करें? क्या नहीं करें? क्या अच्छा है? क्या खराब है? और न जाने क्या-क्या सोचते रहते हैं और इसी दुविधा में अपना कीमती समय बरबाद कर लेते हैं।

इस बात को हमेशा याद रखें कि इस दुनिया में हर शख्स अपने आप में अद्भूत है जिसकी बराबरी कोई दूसरा नहीं कर सकता है। अपने भीतर की प्रतिभा की पहचान करें और खुद में यह ढूंढ़ लें कि आप में क्या अद्भुत है और आपको क्या करना अच्छा लगता है। फिर उसमें सफल होने के लिए संकल्प के साथ लग जाएं।

गौतम बुद्ध का मानना था, 'हम जीवन में दो घातक गलतियां करते हैं और जिसके कारण सफल नहीं हो पाते हैं। एक पूरा न करना, दूसरा शुरू न करना। अक्सर इन दोनों के पीछे एक ही वजह होती है – परिपूर्ण बनने की चाहत।'इस दुनिया में कोई भी व्यक्ति किसी भी विधा में कभी भी पूर्ण नहीं होता है। हर व्यक्ति जीवन के अंतिम सांस तक सीखता ही रहता है। इसलिए परफेक्ट होने की चाहत में सपने देखना बंद नहीं करें, थक-हार कर बैठ नहीं जाएं। इंसान नियमित रूप से अभ्यास करने से ही पूर्ण बनता है।

दृढ इच्छाशक्ति की एक ऐसी ही कहानी हैं जो आपको प्रेरणा से भर देगी। हंगरी नाम का एक देश हैं। इसी देश में एक युवक ऐसा था जो अपने देश के 'टॉप पिस्टल शूटर्स' में गिना जाता था। उम्र के अठ्ठाईस साल होते-होते उसने कई चैम्पियशिप जीत लिए थे। हर किसी को इस बात का यकीन हो चला था की 1940 के 'टोक्यो ओलंपिक्स' में दांये हाथ का ये निशानेबाज 'गोल्ड मेडल' जीत कर ही दम लेगा!

लेकिन ईश्वर को कुछ और ही मंज़ूर था। एक रोज़ आर्मी ट्रेनिंग सेशन के दौरान उसके दांये हाथ में मौजूद एक 'हैंड ग्रेनेड' फट गया। इस हादसे में उस युवक ने अपना दांया हाँथ गंवा दिया और इसके साथ ही उसका ओलंपिक गोल्ड मेडल जीतने का सपना भी चकनाचूर हो गया। महीने भर अस्पताल में रहने के बाद वो ठीक तो हो गया। लेकिन अस्पताल से बाहर निकलने के बाद उसकी पूरी दुनिया ही बदल चुकी थीं क्यूंकि जिस हाथ से वो पिस्टल चलता था। जिस हाथ का इस्तेमाल कर उसने कई चैंपियनशिप जीत ली थीं। जो टोक्यो ओलंपिक्स में मेडल लाने का प्रबल दावेदार था। अब उसके पास उसका दायां हाथ ही नहीं था।

अब ऐसे में एक साधारण इंसान या तो हिम्मत हार जाता। या डिप्रेसन में चला जाता। अपने भाग्य को कोसता अथवा लोगो से सहानुभूति बटोरने की कोशिश करता। सहानुभूति उसे मिल भी जाती लेकिन जिस मेडल के लिए उसका जन्म हुआ था वो उस कभी नहीं मिलता।

लेकिन उसने हिम्मत नहीं हारी। उसने ईश्वर का धन्यवाद किया और कहा की मेरे पास एक हाथ और हैं। मैं अब इसी हाथ से पिस्टल चलकर मेडल जीत लूंगा। एक वर्ष अभ्यास करने के बाद वो नेशनल शूटिंग चैंपियनशिप में पहुंचा। उसे वहां देखकर हर कोई उसकी तारीफ करने लगा। लेकिन जैसे ही बाकी खिलाड़ियों को पता चला की वो वहां मैच देखने नहीं बल्कि उनके साथ मुकाबला करने के लिए आया हैं तो हर कोई आश्चर्य में पड़ गया। हैरानी तब हो गयी जब उसने अपने बाएँ हाथ से वो मुकाबला जीत लिया।

उसकी इस जीत पर एक बार फिर लगने लगा था कि वो दुनिया का सर्वश्रेष्ठ शूटर बनने का अपना सपना पूरा कर सकता है और ओलिंपिक

में गोल्ड मैडल जीत सकता है। पर दुर्भाग्य तो मानो उसके पीछे पड़ा था। विश्व युद्ध की वजह से 1940 और 1944 के ओलंपिक गेम्स रद्द हो गए और सीधे 1948 लंदन ओलंपिक्स कराने का फैसला लिया गया।

इस बीच कितने ही नए शूटर्स अपनी प्रतिभा का लोहा मनवाने के लिए खड़े हो गए। उसके सामने कई तरह की बाधा आती रही लेकिन वह हिम्मत नहीं हारा। उसके जीवन का बस एक ही लक्ष्य था अभ्यास ! अभ्यास और केवल अभ्यास। एक ऐसा अभयास जिसका प्रयोग कर उसे गोल्ड मेडल जीतना था।

वो दिन रात अभ्यास करता रहा। और लंदन ओलंपिक्स में दुनिया के बेहतरीन शूटर्स के बीच मुकाबला करने उतरा। उसके साहस, उसकी हिम्मत और उसके धैर्य ने वो काम कर दिखलाया जिसका सपना वो बचपन से देख रहा था। उसने गोल्ड मेडल जीत लिया। दुनियां को ये बता दिया की अगर आप किसी कार्य के प्रति समर्पित हैं। दृढ प्रतीज्ञा ले ली हैं तो आपको कोई हरा नहीं सकता हैं।

वो लड़का कोई और नहीं बल्कि 'कैरोली टैकाक्स' हैं। इस संसार में बस एक ही इंसान है जो आपको कामयाब या नाकामयाब बना सकता है और वो इंसान आप खुद हैं। सफलता के संघर्ष में जब भी आपको लगे कि आपके साथ कुछ बुरा हुआ है तो एक बार उस एक हाथ वाले पिस्टल शूटर के बारे में ज़रूर सोचिये। आपके जीवन में उतार - चढ़ाव आते रहेंगे लेकिन आपका सकारात्मक होना, दृढ प्रतिज्ञ होना आपको हर क्षेत्र में सफलता प्राप्त करवा सकता हैं।

इसी तरह से एक और कहानी हैं जो आपको प्रेरित कर सकती हैं। 'विल्मा रुडोल्फ' नाम की एक धावक थीं। जिसने मुमकिन कर दिया हर वो काम, जिसे दुनिया ने कह दिया था की ये तो नामुमकिन हैं। जब वो चार साल की थीं तब बुखार के साथ निमोनिया का शिकार हो गयी। उनकी यही बीमारी आगे चलकर उन्हें पोलियो से ग्रसित कर देती हैं। जिसके चलते पैरों में ब्रेस पहनने पड़ते थे। यहाँ तक की डॉक्टर्स ने भी कह दिया था की अब वो कभी नहीं चल सकेगी। लेकिन उसकी ज़िंदगी में उसकी माँ एक प्रेरणा बनकर आयी थीं जिसने कहा की योग्यता, दृढ़ता और विश्वास से वो कुछ भी कर सकती हैं।

विल्मा बोलीं , " मैं इस दुनिया कि सबसे तेज दौड़ने वाली महिला बनना चाहती हूँ ."

नौ वर्ष की उम्र में उन्होंने ने अपने ब्रेस उतार फेंकें और अपना पहला कदम आगे बढाया। वो कदम जिसे डॉक्टर्स ने कह दिया था की वो चल नहीं सकेगी। पहले बार रेस में भाग लेने वाली विल्मा अंतिम स्थान पर आयी। इसके बाद अपनी दूसरी, तीसरी, और चौथी रेस में दौड़ीं और आखिरी आती रहीं, पर उन्होंने हार नहीं मानी वो दौड़ती रहीं और फिर एक दिन ऐसा आया कि वो रेस में प्रथम आ गयीं।

इसी दौरान एड टेम्पल नाम के एक कोच ने कहा की "मैं तुम्हे इस दुनिया की सबसे तेज धाविका बनना चाहता हूँ." तुम्हारे अन्दर जिस तरह का जज़्बा हैं तुम्हे कोई रोक नहीं सकता, और उसके आलावा मैं भी तुम्हारी मदद करुगा."

कुछ वर्ष बाद विल्मा ओलंपिक्स में पहुँच गयीं। जहाँ अच्छे से अच्छे एथलीटों के साथ उनका मुकाबला होना था। विल्मा ने ओलम्पिक में तीन गोल्ड जीत लिए। अब आप सोचियें की कभी पोलियो से ग्रस्त रही महिला आज दुनिया की सबसे तेज धाविका बन चुकी थी।

ये कहानी इस बात का साक्ष्य हैं की दृढ इच्छाशक्ति के बल पर आप दुनिया के किसी भी चीज़ को प्राप्त कर सकते हैं। भले ही इस तरह की कहानी आप कुछ मिनट में पढ़ लेते हैं लेकिन इस तरह की सफलता के लिए कई वर्ष तक सकारात्मक होकर संघर्ष करना पड़ता हैं।

जब बिहार के दशरथ मांझी दृढ प्रतिज्ञा करते हैं तब एक छेनी और हथोड़ी से पूरा पहाड़ तोड़कर रास्ता बना लेते हैं। जो काम सरकार को करना चाहिए वो काम दशरथ मांझी को करना पड़ता हैं। पत्नी के मरने का दुःख उनके दिल और दिमाग में इस तरह से असर कर जाता हैं की अकेले ही इतने बड़े काम का बीड़ा उठा लेते हैं। लोग उन्हें पागल और बेवकूफ़ कहते रहे। लेकिन उन्होंने किसी की नहीं सुनी। उन्हें पता था की वो क्या कर रहे हैं और कर सकते हैं। दुनियां की बात और ताने सुनकर अपना विचार नहीं बदला। अगर विचार बदल देते तो क्या आज इतिहास के पन्नों में उनका नाम अमर हो पाता।

आज दुनिया उसी दशरथ मांझी को "माउंटेन मैन" के नाम से जानती हैं। केवल एक हथौड़ा और छेनी लेकर इन्होंने अकेले ही 360 फुट लंबी 30 फुट चौड़ी और 25 फुट ऊँचे पहाड़ को काट के एक सड़क बना देना, ये कोई सोच भी नहीं सकता हैं। भीतर से आत्मा काँप जाएगी। लेकिन मनुष्य के इरादों से बढ़कर दुनिया में कोई काम नहीं होता हैं। 22 वर्षों परिश्रम के बाद, दशरथ मांझी की बनायी सड़क ने अतरी और वजीरगंज ब्लाक की दूरी को 55 किमी से 15 किलोमीटर कर दिया।

दशरथ मांझी ने कहा था, "जब मैंने पहाड़ी तोड़ना शुरू किया तो लोगों ने मुझे पागल कहा, लेकिन इसने मेरे निश्चय को और मजबूत किया।"

अब आप फैसला कीजिये की एक गरीब दशरथ मांझी जिसके भोजन का ना कोई ठिकाना था ना शरीर में वो शक्ति। लेकिन मजबूत इरादों से उन्होंने ये बड़ा कारनामा कर दिखाया। उनकी महानता को आज पूरी दुनिया जानती हैं। क्या आप इस तरह का काम नहीं कर सकते हैं। आपको कोई पहाड़ नहीं तोड़ना हैं। बस अपने क्षेत्र में सफल होना हैं।

7

सदाचारी (अच्छा व्यवहार, विचार)

धन से नहीं, मन से धनवान बनिये साहब..क्योंकि मंदिर में भले ही स्वर्ण कलश लगे हों, लेकिन सिर तो पत्थर की सीढ़ियों पर ही झुकाना पड़ता है!

जीवन श्री राम जैसा हो और उन्ही के जैसा सदाचारी बन जाये कोई, तो उसके जीवन में सफलता रोके नहीं रूकती हैं। अगर आप श्री राम जैसा ना भी बन सको लेकिन उनके जैसा बनने की भी कोशिश करते हो तब भी आप सफल बन जाओगे। क्यूंकि सदाचारी बनने की प्रक्रिया में आप कभी गलत बन ही नहीं सकते है। आप स्वयं को बेहतर ही बनाने की सोच रखेंगे। जैसी आपकी सोच होगी वैसा ही आपका भविष्य होगा।

प्रभु श्रीराम का चरित्र बेहद उदार प्रवृति का था। उन्होंने उस अहिल्या का भी उद्धार किया, जिसे उसके पति ने देवराज इन्द्र द्वारा छलपूर्वक उसका शीलभंग किए जाने के कारण पतित घोषित कर पत्थर की मूर्त बना दिया था। जिस अहिल्या को दोषी मानकर किसी ने नहीं अपनाया, उसे भगवान श्रीराम ने अपनी छत्रछाया प्रदान की।

जब एक नाविक केवट, गंगा नदी पार करने के दौरान प्रभु श्री राम के प्रति अपनी अपार श्रद्धा और भक्ति दिखलाता हैं तब वो साधारण मानव नहीं रह जाता हैं, प्रभु श्री राम उसे अपने छोटे भाई का दर्जा देते

हैं और उसे मोक्ष की प्राप्ति होती हैं। शबरी जो श्री राम की परम प्रिय भक्तिनी थीं उनके झूठ बेर खाकर उनके प्रति अपना अच्छा व्यवहार दिखलाते हैं उसका कल्याण करते हैं।

मंथरा तो मात्र एक माध्यम थी। श्री राम का जन्म तो वास्तव में दुष्ट राक्षसों का विनाश करने के लिए ही हुआ था और वनवास उनकी जीवनी का वही हिस्सा था जिसमे तरह तरह की घटनाएं घटित होती हैं। भगवान श्रीकृष्ण की तरह श्री राम ने रासलीलाएं नहीं खेली और न ही कदम-कदम पर चमत्कारों का प्रदर्शन किया बल्कि एक साधारण मानव की तरह जीवन जीकर एक उपदेश दिया की इंसान का जीवन कैसा होना चाहिए। इसी वजह से उन्हें 'मर्यादा पुरूषोत्तम' राम कहा जाता हैं।

अच्छे व्यवहार से आप दुनियां की हर वो चीज़ प्राप्त कर सकते हैं जिसकी आप कामना करते हैं। अच्छा व्यवहार, आपका निर्मल विचार आपके हर कार्य में सफलता दिला सकता हैं। जो लोग इस रहस्य को जानते हैं वो इसे अपनाकर सफल हो जाते हैं। ये एक ऐसा व्यवहार हैं जो है तो मुफ्त में लेकिन फिर भी लोग इसे खर्च करने में संकोच करते हैं।

हर इंसान के भीतर एक नेक दिल इंसान छुपा होता हैं लेकिन हमारे भीतर का घमंड उस बेहतरीन इंसान को बाहर नहीं आने देता हैं। इसलिए जब आप बार बार अच्छे कर्म करते हैं तब आपको उस चीज़ की आदत पड़ जाती हैं और आप फिर चाहकर भी किसी के साथ बुरा व्यवहार नहीं कर सकते हैं। आपकी अच्छी आदतें आपके अच्छे चरित्र का निर्माण करती हैं। ये ठीक वैसे ही हैं जैसे बुरी आदत वाला इंसान ही बुरे चरित्र वाला इंसान माना जाता हैं।

आप जिस तरह की आदत का निर्माण अपने भीतर करते हैं चाहे वो अच्छी हो या फिर बुरी आपका चरित्र भी उसी तरह से बन जाता हैं। अधिकतर, हम इंसान बुरी चीज़ो के प्रति शीघ्र ही आकर्षित हो जाते हैं। समय रहते सुधार करने की आवश्यकता होती हैं, अन्यथा आपका जीवन केवल बुरी चीज़ो के जाल में फंस कर बर्बाद हो जाता हैं।

मान लीजिये, आप हर रोज़ सुबह उठते ही केवल जलेबी और फाफड़ा खाते हैं, तो आपको उसकी आदत लग जाती हैं और वो आदत हर रोज़ की बन जाती हैं। अब एक समय के बाद जलेबी जैसी मीठी चीज़ आपके

शरीर के लिए घातक बन जाती हैं। आप मधुमेह का शिकार बन सकते हैं! या मान लीजिये, आप हर रोज़ केवल कोई साहसी काम ही करते हैं तो आपको साहसी बनने की आदत हो जाती हैं। जैसे आग बुझाने वाला दमकल कर्मी इनका हर रोज़ बड़े से बड़े खतरे से सामना होता हैं। आपके लिए आग से लड़ना खतरे भरा हो सकता है लेकिन दमकल कर्मी के लिए ये बड़ा ही आसान कार्य हो जाता हैं क्यूंकि हर रोज़ उसने इस चीज़ का अभ्यास किया हैं।

किसी भी चीज़ के प्रति आपका सही नज़रिया होना चाहिए। नज़रिया आपकी आदत बनता हैं और आदत आपका चरित्र बन जाता हैं। मान लीजिये, कंप्यूटर में आपने जाकर किसी वर्ड फाइल में एक बेहतरीन कहानी लिखी हैं और जब आपका उसका प्रिंट निकालते हैं, तो वही आएगा ना जो आपने लिखा होगा। ऐसा तो है नहीं की आपने कोई बेहतरीन कहानी लिखी थीं और प्रिंट करते ही कोई ऐसा चमत्कार हो गया की आपकी अच्छी कहानी एक बुरी कहानी में बदल गयी।

कई बार आप स्वयं इस बात को सोचने के लिए के लिए मज़बूर हो जाते हैं की "यार मैं तो किसी के साथ बुरा व्यवहार नहीं करना चाहता हूँ लेकिन ना चाहते हुए भी ऐसी गलती क्यों कर बैठता हूँ !" कारण आप हैं। क्यूंकि आपने अपने भीतर केवल गलत चीज़ का ही प्रवेश करवाया हैं, खेत में जैसा बीज बोयेंगे वैसा ही भोजन आपको मिलेगा।

मान लीजिये, आपने किसी कार्य को पूरा करने के लिए अमुख व्यक्ति से एक लाख रूपये की बात की हैं और वह काम आपको दस दिन में पूरा करना हैं, लेकिन वह काम आपने सात दिन में ही समाप्त कर लिया तो इसका मतलब ये नहीं होगा की आपने कार्य शीघ्र ही समाप्त कर लिया है तो आप एक लाख रूपये की जगह दो लाख रूपये की उम्मीद करेंगे ! जितने में काम का सौदा हुआ आपको उतना ही मिलेगा। ठीक वैसे ही जैसे आपने अपने भीतर अच्छा-बुरा, सही - गलत जो भी डाला हैं वही आप बाहर निकालेंगे।

आप अपने भीतर अच्छा बुरा क्या डालते हैं ये सब कुछ आप पर ही निर्भर करता हैं। इसमें कोई ज़बरन प्रक्रिया काम नहीं करती हैं। आपके सामने खाने की दो चीज़ रखी हैं, एक ज़हर हैं, जिसे खाने के बाद आपकी

मृत्यु हो जाएगी। दूसरा अमृत रखा हैं, जिसे खाने के बाद आप अमर हो जायेंगे। तो आप कौन सी चीज़ खाएंगे ? अब इस बात का निर्णय लेना कोई कठिन कार्य तो है नहीं, निश्चित तौर पर आप अमृत का ही सेवन करेंगे। क्यूंकि आप मूर्ख तो है नहीं ! इतनी समझ तो आपके भीतर हैं। लेकिन ज़हर खाना है या अमृत का सेवन इसका निर्णय आप ने लिया हैं क्यूंकि आप अपना बेहतर जानते हैं। इसलिए, आपके लिए अच्छा क्या हैं और बुरा क्या हैं? आप जानते हैं और जानभूझकर अगर आप गलत चीज़ ही अपने भीतर डालते हैं तो आपसे बड़ा मूर्ख इस संसार में कोई नहीं होगा।

हम अपने भीतर की बुरी आदतों का पहचान कर लेने के बाद भी बदलाव से डरते हैं। क्यूंकि बदलाव होगा तो जिम्मेदारी होगी और जिम्मेदारी का भार हर कोई नहीं उठाना चाहता हैं। या तो आपके भीतर इच्छा की कमी हैं या फिर अनुशासन की कमी हैं। या आपको स्वयं पर विश्वास नहीं हैं। या फिर ये तीनो ही बात आपके भीतर नहीं हैं क्यूंकि आपको पता ही नहीं की आपको करना क्या हैं ?

यही वजह हैं की हम स्वयं को कभी बदल ही नहीं पाते हैं और यही हमारी असफलता का मुख्य कारण भी होता हैं। अगर आप अच्छी चीज़ो को अपनी तरफ आकर्षित करते हैं तो आपको अच्छा ही मिलने वाला हैं क्यूंकि उस दिशा में आप कार्य करना शुरू कर देते हैं।

आप लगातार 22 दिन तक कोई काम करते हैं, चाहे वो अच्छा हो या बुरा तो वह आपकी आदत बन जाती हैं। आपको जो चाहिए आप सदैव उस बारे में ही सोचते रहिये। आपके सपने को आप अपनी आँखों के समीप रखकर बुनते रहियें। चमत्कार एक दिन में नहीं होता हैं। एक जादूगर भी एक चमत्कार को दिखाने के लिए निरंतर उसका प्रयास करते रहता हैं। जब आप अच्छी आदतों और अच्छी विचार के साथ किस भी क्षेत्र में उतरते हैं तो वही चीज़ आपको सफलता भी दिलाती हैं।

अच्छी आदतों को हमें कट्टरता के साथ अपनाना चाहिए।
-जॉन इरविंग

अच्छी आदतों से हमारी बड़ी-बड़ी बाधाएं भी दूर की जा सकती है। अगर आप अपने भीतर अच्छी आदतों की आदत नहीं डालते हैं तो कोई

दूसरा, आपको आपकी बुरी आदत पर इतनी बार टोकेगा की आप स्वयं ही सुधारने का प्रयास करने लग जायेंगे। अब कोई दूसरा आपके जीवन को सुधार कर इसका श्रेय ले, बेहतर है की आप स्वयं ही आपको सुधार लीजिये।

एक बार की बात हैं एक व्यक्ति ऐसा था की उसे अपने घर में साफ़-सफाई की आदत नहीं थीं। वह हमेशा ही अपना घर गन्दा रखा करता था क्यूंकि सफाई उसे पसंद तो थी लेकिन वो बहुत आलसी थीं। उसे गंदगी में अपना जीवन जीने की आदत हो चली थीं। गंदगी उसके जीवन का और वो गंदगी के जीवन का हिस्स्सा बन गया था। एक दिन उसका एक करीबी मित्र उसके घर आता है लेकिन चाहकर भी वो कहीं बैठ नहीं पाता हैं क्यूंकि पूरा घर गंदगी से भरा हुआ था। उसके मित्र ने कहा,"यार तुम्हारा घर तो बढ़िया हैं लेकिन तुम इसे इतना गंदा क्यों रखते हो ?" इस पर उस दोस्त ने कहा,"क्या फायदा ! अभी साफ़ कर दूंगा कल फिर गंदा हो जाएगा।"

इस पर उस मित्र ने कहा ,"देखो, अगर तुम अपना घर गन्दा रखोगे तो बहुत सी बीमारी फ़ैल सकती हैं तुम बीमार हो जाओगे और डॉक्टरों का सहारा लेना पड़ सकता हैं। गंदगी वाले जगह पर तो माँ लक्ष्मी का भी वास नहीं होता हैं, तुम शीघ्र ही निर्धन बन सकते हो ! इसलिए भलाई इसी में हैं की तुम अपना घर साफ़ रखो। "

लेकिन जिसने आदत ही अपनी गंदगी वाली बना रखी हो जिसके बीच में उसे जीने की गलत संगति लग गयी हो वो भला इतनी जल्दी कैसे सुधर जाएगा। उसने कहा "देखो यार साफ़-सफाई में समय बर्बाद कर कोई फायदा नहीं है। बेहतर हैं मैं कुछ और काम कर लूंग। "

उस मित्र ने कहा,"जैसी तुम्हारी इच्छा, और उसे एक सुंदर सा गुलदस्ता उपहार में दे दिया।

लेकिन उस महाशय ने उस गुलदस्ते को अलमारी के ऊपर रख दिया। अब जब कभी कोई मेहमान या करीबी उसके घर आता तो पूरा घर देखकर कहता "यार गुलदस्ता तो बेहद सुंदर हैं लेकिन ये घर इतना गंदा क्यों हैं? अब बार-बार एक ही बात अलग-अलग इंसानो से सुनकर उसने एक निर्णय लिया की चलो इस अलमारी को साफ़ ही कर देता हू।

अब एक रोज़ कोई और व्यक्ति उसके घर आया और उसने कहा,"यार गुलदस्ता और अलमारी तो सुंदर हैं लेकिन ये घर इतना गंदा क्यों हैं?

अबकी बार उस व्यक्ति ने अलमारी के साथ वाली दीवार साफ कर दी। अब जब कोई उसके घर आता तो वो उसके घर के उसी कोने को पकड़ कर बैठ जाता जहाँ साफ़ सफाई थीं। अब ये बात उस व्यक्ति को ख़राब लगती। लेकिन एक दिन उस व्यक्ति ने गुस्से में आकर पूरा घर ही साफ़ कर दिया और दीवारों पर रंग भी लगा दिया। अब उसका घर एकदम साफ़ सुथरा दिखने लगा जो भी आता वो यही कहता "यार तुम्हारा घर तो बढ़िया लग रहा हैं, सोच रहा हूँ मैं भी अपना घर इसी तरह से करवा लूँ।"

इस व्यक्ति को समझ आ गया था की घर की साफ सफाई कितनी ज़रूरी हैं। अब उसने अपने जीवन से आलस्य का त्याग कर दिया था। उसकी सोच अब सकारात्मक हो गयी थीं। अब जीवन जीने के प्रति उसका विचार पूरी तरह से बदल गया था।

इंसान अगर अपनी आदत बदल दें तो एक छोटी सी अच्छी आदत हमारी सोच बदल सकती है, जिससे हमारा जीवन बदल सकता है। अच्छी आदतों से बड़ी-बड़ी बाधाएं भी दूर की जा सकती हैं। हमें भी बस यही करना हैं अपने भीतर के कचरे को साफ़ करना हैं ताकि गंदगी के लिए कोई जगह ही ना रहे। जब विचार अच्छे होंगे तो व्यवहार भी वैसा ही होगा और हमारा जीवन भी कुछ मज़ेदार बन जाएगा।

अच्छा व्यवहार आपको दूसरों की नज़र में बेहतर इंसान तो बनाता ही हैं साथ ही आपके लिए सफलता के नए मार्ग भी खोल देता हैं। मेरे एक परिचित हैं। अपने क्षेत्र में सफल इंसान हैं और उनका व्यक्तित्व भी आकर्षक हैं। हर कोई उन्हें बहुत पसंद करता हैं। ऐसा नहीं हैं की वो किसी को उन्हें पसंद करने के लिए पैसे देते हैं। लोग उन्हें इसलिए पसंद करते हैं क्यूंकि वो जब कभी भी किसी से मिलते हैं तो इस तरह से मिलते हैं मानो वह उनका ही इंतज़ार कर रहे हैं। चेहरे पर हर समय एक मुस्कान रहती हैं। भीड़ में रहते हुए भी वह आपको अनदेखा नहीं करते हैं। बड़ा हो या छोटा उसके मान-सम्मान का ख्याल उन्हें हमेशा रहता हैं।

उनका व्यवहार और व्यक्तित्व ऐसा हैं की अगर आपसे कोई काम कह दें की इसे करना हैं तो आप इनकार नहीं कर सकते हैं। क्यूंकि इस तरह के व्यवहारिक व्यक्ति के साथ कोई भी अपने रिश्ते बेहतर ही रखना चाहता हैं। इतने वर्षों में मैंने देखा हैं की उनका कोई भी काम कभी नहीं रुका। जानते हैं क्यों ? बस, उनका व्यवहार जो हर किसी से बेहतर होता हैं।

8

विद्वान (बुद्धिमान और विवेक शील)

बुद्धिमान लोग जितने अवसर मिलते हैं उससे ज्यादा अवसर बनाते हैं।- फ्रांसिस बैकन

कभी भी कोई व्यक्ति संयोग से ज्ञानी नही होता है। दुनिया का हर इंसान बुद्धिमान बनना चाहता है और सही निर्णय लेना चाहता है। लेकिन वास्तव में बुद्धिमान, विद्वान और विवेक शील कौन हैं ? खुद को जानना ही ज्ञान की शुरुआत है। बहुत से लोग हैं जो स्वयं अपने बारे में भी नहीं जानते हैं की वो क्या हैं और क्या कर सकते हैं। क्यों ? पता हैं? क्यूंकि उनके भीतर ज्ञान नहीं होता की वो क्या हैं ? उनका स्वयं से परिचय नहीं होता हैं। और जो स्वयं को नहीं जानता, भला वो दुनियां को क्या समझ पायेगा। ऐसे लोगो का फायदा पूरा संसार उठा लेता हैं।

उम्र के साथ बुद्धिमता आ जाये ये जरुरी नहीं है। सामान्य समझ जब असामान्य मात्रा में हो तो दुनिया उसे बुद्धिमता कहती है। जो बलों में श्रेष्ठ बल है, वह बुद्धि-बल है। जो बुद्धिहीन है, उनके लिए शास्त्र-वेद आदि भी कोई कल्याण नही कर सकते। ज्ञान अनुभव से आता है। ज्ञान के बिना, भविष्य का कोई मतलब नहीं है, कोई मूल्यवान उद्देश्य नहीं है। बुद्धिमानी का अर्थ हमारे जीवन में तब ही है जब हमारा मष्तिष्क खुला हो और यह स्वीकार करने को तैयार हो कि वो परिपूर्ण नहीं है और

साथ ही उसे संपूर्ण ज्ञान नहीं है।

बुद्धिमान व्यक्ति वह भी हैं जब कोई बुद्धिमान व्यक्ति सलाह दे रहा हो तो बीच में न बोलें, उनकी बातें ध्यान से सुनें। इसी को लेकर श्री राम ने एक बार लक्ष्मण को समझाया भी था। श्री राम और लक्ष्मण जब माता सीता की खोज में वन-वन भटक रहे थे तब वह कई ऋषि मुनीयों के आश्रम में भी रुकें। रावण के डर से कई ऋषि मुनि वन छोड़कर भाग गए थे। उस क्षेत्र में सिर्फ 'अगस्त्य मुनि' ही रह रहे थे। श्रीराम ने सोचा कि वे अगस्त्य मुनि से राक्षसों का संहार करने का तरीका पूछेंगे।

श्रीराम और लक्ष्मण अगस्त्य मुनि के आश्रम पहुंचे तो उन्हें देखकर अगस्त्य ऋषि खड़े हो गए और उनका अभिवादन किया। स्वागत के बाद श्रीराम ने अगस्त्य ऋषि से जब पूछा की "हम किस तरह से रावण और राक्षसों का वध कर सकते हैं।"

अगस्त्य मुनि ने कहा कि, 'राम जी आप स्वयं सब जानते हैं, समर्थ हैं, लेकिन फिर भी आप मुझसे मार्गदर्शन ले रहे हैं। ये तो आपका बड़प्पन है, आपको एक बात ध्यान रखनी चाहिए कि रावण से लड़ने के लिए सेना के साथ ही आत्मबल भी होना चाहिए। आप दोनों भाइयों में आत्मबल तो बहुत है, लेकिन आपको सेना के बारे में विचार करना चाहिए। सिर्फ वानर सेना के भरोसे कैसे जीत पाएंगे?'

अगस्त्य मुनि की बात पूरी नहीं हुई थी और लक्ष्मण बीच में बोल पड़े कि श्रीराम और मैं, हम दोनों ही राक्षसों के लिए पर्याप्त हैं।

लक्ष्मण की बात सुनकर श्रीराम ने कहा कि लक्ष्मण धैर्य रखो, ये बोल रहे हैं, इनकी बातें ध्यान से सुनो।

दोनों भाई चुप हो गए तो अगस्त्य मुनि ने फिर बोलना शुरू किया कि आप वानर और रीक्ष जैसे जन समूह के भरोसे ये युद्ध लड़ने जा रहे हैं, लेकिन ध्यान रखें कि समूह की अपनी अलग सोच होती है, ऐसा संभव है कि जब आप पर प्रहार हो तो ये जन समूह आपका साथ छोड़ सकता है। आपको सिर्फ खुद पर सबसे अधिक भरोसा करना चाहिए।

श्रीराम ने अगस्त्य मुनि को धन्यवाद कहा, उनका आभार माना और आगे बढ़ गए।

श्रीराम ने लक्ष्मण को समझाया था कि सफलता के सूत्र किसी से भी मिल सकते हैं। हमें बुद्धिमान लोगों का सम्मान करना चाहिए। जब भी कोई बुद्धिमान व्यक्ति हमें कुछ बताए तो उसकी बात ध्यान से सुननी चाहिए, उन्हें बीच में टोकना नहीं चाहिए।

बुद्धिमान बनना कोई मुश्किल कार्य भी नहीं हैं, और जब तक आप बुद्धिमानी से अपना कोई भी कार्य नहीं करते हैं तब तक आप अपने जीवन में किसी भी क्षेत्र में सफल नहीं हो सकते है। अगर इस मानवीय जीवन में आप इस धरती पर आये और बिना कुछ किये चले गए तो आपका जीवन शून्य हैं। आपके जीवन का ना कोई लक्ष्य था और ना उसे आप कभी समझ सकें।

कन्फ़्यूशियस ने एक बार कहा था कि बुद्धिमता प्राप्त करने के तीन तरीके हैं: "पहला गहन विचार के द्वारा, जो सबसे श्रेष्ठ है; दूसरा अनुकरण के द्वारा, जो सबसे आसान है; और तीसरा अनुभव के द्वारा, जो सबसे कड़वा है।"

बुद्धिमता प्राप्त करना, लगभग सभी संस्कृतियों में सबसे कीमती गुण है, यह जीवन में सीखने, सावधानीपूर्वक विश्लेषण करने, और विचारपूर्वक काम करने का अभ्यास है।

बुद्धिमान वो हैं जो हर विचार को खुले तौर पर सीखता हैं। ये नहीं की इस व्यक्ति से हमें क्या ही ज्ञान मिलेगा और उसे नज़रअंदाज़ कर आप आगे बढ़ जाएं। दुनियां की हर एक चीज़ से आप कुछ ना कुछ सीख सकते हैं। अगर सच में आप कुछ सीखना चाहते हैं तब, अन्यथा फिर कोई बात ही नहीं हैं। आप पेड़, पौधे, नदी, तालाब, जानवर, मूर्ख इंसान हर किसी से कुछ ना कुछ सीख सकते हैं।

आपकी शिक्षा कभी पूरी नहीं होती हैं। आपको लगता हैं की अब तो मैंने स्कूल, कॉलेज पढ़ लिया, डिग्री मिल गयी। अब तो मैं सब कुछ सीख चुका हूँ। अगर आप ऐसा सोचते हैं तब आप गलत हैं। असली शिक्षा तो तब शुरू होती हैं जब आपका जीवन सही मायने में इंसानी लोगो के बीच जाने पर शुरू होता हैं। यही आपका असली युद्ध होता हैं। एक बुद्धिमान व्यक्ति जानता है कि कब सीखने का समय और कहा - कहाँ से शिक्षा ग्रहण कर लेनी चाहिए।

आप अपने समय को चिंता में नहीं बल्कि चिंतन में लगाएं। अपने खाली समय को फालतू की चीज़ो में फंसाने की जगह किसी चीज़ को सीखने में लगाइये। ज्ञान सिर्फ किताबी नहीं होना चाहिए। सीखना मतलब आप बहुत कुछ सीख सकते हैं जैसे तैराकी, नृत्य, गायन, कला इत्यादि। ये सब भी आपको बुद्धिमान बना देती हैं की आपने जीवन में कितनी शिक्षा के अलावा कुछ नया भी सीखा हैं और ज़रूरत पड़ने पर आप सामने वाले व्यक्ति को भी बहुत कुछ सीखा सकते हैं।

कई लोगो को आदत होती है की अगर वो किसी समूह का हिस्सा हैं तो कुछ ऐसी बात चल रही होती हैं की क्या किया जाएं क्या नहीं ? तो कुछ लोग बिना राय मांगे ही अपनी राय देने शुरू कर देते हैं। ऐसे में लोग उन्हें या तो चुप करा देते हैं या फिर उनकी बात सुन नज़रअंदाज़ कर देते हैं। बुद्धिमान लोगों को अपनी बुद्धिमता हमेशा साबित करने की जरूरत नहीं होती। यदि आपका मत आवश्यक है, तो दें।

देखियें, इसका मतलब ये बिलकुल भी नहीं हैं की आप समाज से स्वयं को दूर कर लें, या कभी ना बोलें। बल्कि आप दूसरों की बात भी सुने और एक अच्छे श्रोता बनने की कोशिश करें। आप इस वजह से ना बोले की आपसे बढ़कर बुद्धिमान तो इस कमरे में कोई है ही नहीं। ये आपकी बुद्धिमानी नहीं बल्कि आपके अहंकार का प्रतिक होगी।

आपका ज्ञान विकसित करने के और भी रास्ते हैं जैसे आप कॉमिक्स पढ़ सकते हैं। किसी लेखक की किताब, गीता, रामायण या साहसिक किताबें। दूसरों के अनुभव के बारे में पढ़ें। क्यूंकि आपकी बुद्धिमानी इस बात में भी हैं की किसी व्यक्ति ने अगर अपने जीवन में कुछ गलती की हैं तो आप भी वही गलती ना करें बल्कि उसकी गलतियों से सीखे और खुद को उस चीज़ में ना डाले।

इंसान को अपनी गलतियों से सीखना चाहिए ना की हार मान कर बैठ जाना चाहिए की नहीं अब ये कार्य मुझसे होगा ही नहीं। गलतियाँ होना स्वाभाविक है और हर कोई गलतियाँ करता है। गलतियाँ हमें महसूस कराती हैं और उसी चीज़ को सुधारने के कई अवसर भी देती हैं

कुछ गलतियाँ जानबूझकर की जाती हैं और कुछ गलतियाँ अनजाने में हो जाती हैं। अगर अपनी गलतियों को दोहराना नहीं है और उनके

समाधान की जरूरत है तो उन्हें समझना होगा कि उनकी गलतियां कैसी हैं। गलतियों की पहचान बहुत महत्वपूर्ण है, क्योंकि जब तक अपनी गलतियों को नहीं समझेंगे, उन गलतियों को दोहराते रहेंगे और उन्हें सुधारने की दिशा में आगे नहीं बढ़ सकते।

जो इंसान अपने जीवन में कभी गलती ना करता हो तो आप समझ लीजिये की उसने अपने जीवन में आज तक कुछ किया ही नहीं हैं। क्यूंकि गलतियां उसी से होगी जो कुछ करने की चाहत रखता हैं और करता भी हैं। यदि आप एक गलती करने से डरते हैं तो आप अपने जीवन का अधिकांश हिस्सा बिल्कुल कुछ भी नहीं करेंगे।

क्या बुद्धिमान व्यक्ति गलती करते हैं ? बिलकुल करते हैं क्यूंकि वो कुछ कर रहा हैं तो गलती तो होगी हैं लेकिन एक बुद्धिमान व्यक्ति कुछ चीज़े कभी नहीं करते हैं। जैसे एक बुद्धिमान व्यक्ति जो 20,000 कमाता हो, वो कभी 50,000 का फ़ोन अपने पास नहीं रखता। एक बुद्धिमान व्यक्ति लोन में गाड़ी, घर बाइक नहीं ख़रीदता। एक बुद्धिमान व्यक्ति सोशल मीडिया पर समय बर्बाद नहीं करेगा। बुद्धिमान व्यक्ति सामाजिक और राजनीतिक मुदों पर सोशल मीडिया पर किसी से बहस नहीं करेगा। बुद्धिमान व्यक्ति कभी भी कमाई के एक साधन पर ही निर्भर नहीं रहता।

बुद्धिमान व्यक्ति महँगे कपड़ों, महंगी गाड़ी, महँगी घड़ी और महंगी चीज़ो पर पैसे बर्बाद न करके उन पैसों को इन्वेस्ट करता हैं। बुद्धिमान व्यक्ति अपने घर की निजी बातें हर किसी से शेयर नहीं करता। बुद्धिमान व्यक्ति समय का बड़ा पाबन्द होता हैं। बुद्धिमान व्यक्ति अपनी सेहत का ध्यान रखता हैं। गलतियों से ही आदमी समझदार बनता हैं, समझदार आदमी एक गलती दो बार नहीं करता।

बुद्धिमान व्यक्ति पढ़ने के शौकीन होते हैं। वे बात करने से ज्यादा सुनते हैं और सवाल पूछने में बहुत अच्छे होते हैं। वे बोलने से पहले सोचते हैं। वे जानते हैं कि वे हमेशा सही नहीं होते हैं और अगर कोई गलती करता है तो परवाह नहीं करता है। वे न केवल बड़े सपने देखते हैं, बल्कि अपने सपने को हांसिल करने के लिए कड़ी मेहनत भी करते हैं। जब उन्हें कोई समस्या दिखाई देती है, तो शिकायत करने के बजाय, वे

एक प्रभावी समाधान खोजने की कोशिश करते हैं और इसे लागू करते हैं।

वे असफल होने पर हार नहीं मानते हैं, बल्कि, वे अपनी गलतियों से सीखते हैं। वे यह करने की कोशिश करते हैं कि क्या सही है या क्या आवश्यक है, भले ही दूसरे क्या सोचते हों या अपेक्षा करें। और उनमें गजब का सेंस ऑफ ह्यूमर है।

बुद्धिमान व्यक्ति कभी भी मित्र बनाते समय धन की जगह ज्ञान को महत्व देगा। धन वाला मित्र घमंडी हो सकता है लेकिन बुद्धिमान व्यक्ति संकट में अपनी बुद्धि से आपको मदद करेगा। बुद्धिमान व्यक्ति कभी भी दिखावा नही करेगा या सिर्फ दिखावे में खर्च नही करेगा। महंगी गाड़ी, फोन, घड़ी, लैपटॉप इत्यादि।

बुद्धिमान व्यक्ति कभी बड़ी बड़ी बात नहीं करता हैं क्योकि उसे पता है कि उसको इसकी जरूरत नही। अपनी शान दिखाने का कोई मतलब नहीं हैं। ऐसे व्यक्ति अपना सारा पैसा खर्च नही करता है बल्कि बचत करता हैं ताकि आने वाले सुनहरे भविष्य के लिए वो स्वयं को सुरक्षित रख सकें। बुद्धिमान व्यक्ति कम बोलेगा।

ऐसे व्यक्ति अपने से बड़ो का सम्मान करते हैं क्योकि वह जानता है कि उनका अनुभव वह धन है जो कि उसके पास नही है। बुद्धिमान व्यक्ति जरूरतमंद की मदद करेगा क्योकि वह जानता है कि बुरा समय किसी का भी हो सकता है और कभी भी हो सकता है। बुद्धिमान व्यक्ति साफ सफाई पसंद करेगा और व्यायाम करेगा। क्योकि वह जानता है कि सफाई से बीमार नही पड़ेगा और इलाज में पैसा खर्च नही होगा।

बुद्धिमान व्यक्ति कभी गाली गलौज नहीं करता हैं क्योकि उसे उनका अर्थ मालूम है, जो कि भद्दा होता है एवं जैसे हमारे माता पिता, भाई-बहन वैसे ही सभी लोगो के, बस अंतर यह है कि घर अलग है। बुद्धिमान व्यक्ति कभी महिलाओं का अपमान नही करेगा क्योकि उसे मालूम है कि उसकी बहन, माँ ,बुआ भी है उनको कितना बुरा लगेगा।

चाणक्य के अनुसार, जो व्यक्ति अपनी शक्ति और क्षमताओं का वास्तविक ज्ञान रखता है और हानि होने पर दुख सहन करने की शक्ति रखता है। विचलित नहीं होता है, और धर्म को अपनाते हुए इस समय को

व्यतीत करता है ऐसा व्यक्ति बुद्धिमान कहलाता है। समझदार व्यक्ति वही है जो सफल होने से पूर्व अपनी योजनाओं का खुलासा न करें। जिस व्यक्ति के कर्तव्य, सलाह और पहले से लिए गए निर्णय को कार्य पूर्ण होने पर ही अन्य लोगों को जानकारी हो, ऐसे व्यक्ति बुद्धिमान कहलाते हैं।

बुद्धिमान व्यक्ति के पास एक लक्षण सबसे खास होता है कि उसके पास कोई घमंड नाम की चीज नही होती। वह हर समस्या को छोटी रखने में माहिर होता है इसलिय वक़्त पड़ने पर एक साधारण इंसान से भी राय अथवा मदद लेने में कोई संकोच नही करता है। इतनी कहानी आपको सुनाने का यही मतलब हैं की आप जीवन में सफलता प्राप्त करना चाहते हैं तो आपको बुद्धिमान बनना होगा। अगर आप बुद्धिमान नहीं भी हैं तो आप छोटी-छोटी समझदारी वाली चीज़े कर स्वयं को समझदार बना सकते हैं। हर इंसान किसी ना किसी घटना या कहानी से कुछ ना कुछ सीखता हैं तो आप क्यों नहीं सीख सकते हैं ?

चन्द्रगुप्त मौर्य एक साधारण बालक था। लेकिन चाणक्य ने अपनी समझदारी से उसे महान बना दिया। एक बार की बात हैं।

धनानंद ने जिस तरह से चाणक्य का अपमान किया था वो बात चाणक्या एक क्षण के लिए भी भूल नहीं पाते थे। अपनी खुली शिखा को देखकर बस एक ही बात याद आती थी की धनानंद का साम्राज्य किस तरह से समाप्त करना हैं। चाणक्य प्रकांड विद्यावान थे लेकिन कई बार गलती कर बैठते थे। चन्द्रगुप्त मौर्य के साथ मिलकर उन्होंने पांच हज़ार घोड़ों की छोटी-सी सेना बना ली थी। सेना लेकर उन्होंने एक दिन भोर के समय ही मगध की राजधानी पाटलीपुत्र पर आक्रमण कर दिया।

चाणक्य, धनानंद की सेना और किलेबंदी का ठीक आकलन नहीं कर पाए और दोपहर से पहले ही धनानंद की सेना ने चंद्रगुप्त और उसके सहयोगियों को बुरी तरह मारा और खदेड़ दिया। चन्द्रगुप्त स्वयं किसी तरह अपनी जान बचाकर भागा था।

अपनी जान बचाने के लिए स्वयं चाणक्य भी एक घर में आकर छुप गए। उस घर में एक बूढ़ी दादी अपने पोते को गरमा-गरम खिचड़ी खिला रही थीं। दादी ने गरमा-गरम खिचड़ी के बीच में छेद करके गरमा-गरम

घी भी डाल दिया था और घड़े से पानी भरने गई थी। थोड़ी ही देर के बाद बच्चा जोर से चिल्लाने लगा और कह रहा था- जल गया, जल गया। दादी ने आकर देखा तो पाया कि बच्चे ने गरमा-गरम खिचड़ी के बीच में अंगुलियां डाल दी थीं।

दादी बोली, 'तू चाणक्य की तरह मूर्ख है, अरे गरम खिचड़ी का स्वाद लेना हो तो उसे पहले कोनों से खाया जाता है और तूने मूर्खों की तरह बीच में ही हाथ डाल दिया और अब रो रहा है'।

चाणक्य बाहर निकल आए, बुढ़िया के पांव छूए और बोला- आप सही कहती हैं कि मैं मूर्ख ही था तभी राज्य की राजधानी पर आक्रमण कर दिया और आज हम सबको जान के लाले पड़े हुए हैं। चाणक्य ने उसके बाद मगध को चारों तरफ से धीरे-धीरे कमजोर करना शुरू किया और एक दिन चंद्रगुप्त मौर्य को मगध का शासक बनाने में सफल हुआ।

चाणक्य ने जब ठीक तरह से अपनी बुद्धि का प्रयोग किया तब जाकर वो अपने लक्ष्य में सफल हो पाएं। अगर चाणक्य जैसा बुद्धिमान गलती कर सकता हैं तो आप जैसा साधारण इंसान क्यों नहीं कर सकता हैं। लेकिन अपनी गलती से सीख लेकर जो आगे बढ़ता हैं वही सफल हो पाता हैं।

9

सामर्थ्यशाली (सभी का भरोसा, समर्थन पाने वाला)

जो मनुष्य इसी जन्म में मुक्ति प्राप्त करना चाहता है, उसे एक ही जन्म में हजारों वर्ष का काम करना पड़ेगा। वह जिस युग में जन्मा है, उससे उसे बहुत आगे जाना पड़ेगा, किन्तु साधारण लोग किसी तरह रेंगते-रेंगते ही आगे बढ़ सकते हैं। - स्वामी विवेकानन्द

अगर आप कोई ऐसा कार्य कर रहे हैं, जो आप अकेले ही कर सकते हैं तो ठीक बात हैं। लेकिन आप कोई बड़ा काम कर रहे हैं जिसमें कई लोगो का योगदान लग सकता हैं तो आपको हर किसी का भरोसा जीतना होगा। जब तक आप किसी का भरोसा नहीं जीत लेते हैं तब तक आप के साथ कोई किसी कार्य में नहीं जुड़ सकता हैं। आज के कलयुग में बात की जाएं तो पैसे से सब कुछ प्राप्त किया जा सकता हैं। आपको सौ लोगो की ज़रूरत हैं और आपके पास पैसा हैं तो आप उस कार्य को बड़ी ही सरलता से पूरा कर सकते हैं। लेकिन पैसे नहीं हैं तो आपको उन सौ इंसानो का भरोसा जीतना होगा।

माता सीता की खोज में प्रभु श्री राम जब सुग्रीव के पास पहुंचते हैं तब सुग्रीव को इस बात का यकीन नहीं हो पा रहा था की जिन राजकुमारों को उनके राज्य से अलग कर दिया गया हैं। जो वन-वन भटक रहे हैं जिनके पास कोई सेना नहीं हैं वो रावण से कैसे युद्ध लड़ेगा? और कैसे

मुझे बाली से मुक्ति दिला सकेगा? तब श्री राम ने सुग्रीव का विश्वास जीतने के लिए वो किया जिसे देखकर सुग्रीव के साथ उसकी सेना भी आश्चर्यचकित हो गयी।

श्री राम ने बाली का वध कर किष्किंधा को सुग्रीव के अधीन कर दिया। आप श्रीराम का सामर्थ्य देखिये जिनके पास कोई नहीं था। लेकिन अपना सामर्थ्य दिखाते है अब उनके साथ रावण से युद्ध करने के लिए सुग्रीव, हनुमान, अंगद, जामवंत, वीभिषण सहित वानरी सेना का समर्थन प्राप्त हो गया ? कैसे ? समर्थन प्राप्त होता हैं विश्वास के साथ। एक बार किसी ने आपके ऊपर भरोसा कर लिया तो उसके भरोसे को कोई तोड़ नहीं सकता हैं।

प्रभु श्रीराम चाहते तो अकेले ही युद्ध समाप्त कर सकते थे। जिस तरह से रावण के पास पुष्पक विमान था उसी तरह श्री राम को भी युद्ध के दौरान इंद्र का रथ मिला जो हवा में उड़ सकता था ? क्या राम उस रथ में सवार होकर लंका नहीं जा सकते थे? बिलकुल जा सकते थे। लेकिन उन्होंने अपने सामर्थ्य का प्रयोग लोगो का भरोसा जीतने में किया और एक टीमवर्क की तरह कार्य किया। महान लोगों का सहयोग और समर्थन पाकर कभी-कभी छोटे लोग भी बड़े-बड़े काम कर जाते हैं।

विश्वास एक ऐसा शब्द है, जो मानव जीवन को सही अर्थ देता हैं। सोचिये दुनियां में कोई किसी पर भरोसा ना करे तो क्या हालात होंगे? भरोसा भी उतनी बड़ी बात नहीं है, जितना कि भरोसा बनाएं रखना हैं। व्यक्ति के नजरिये से ही भरोसे का जन्म होता है, और नजरिये से ही भरोसा खत्म हो जाता है। विश्वास से बड़ी बड़ी शक्तियाँ आपकी दोस्त बन सकती है। यह काम जितना सरल लगता है असल में वैसा नही है। किसी का विश्वास या भरोसा जितने में कई साल लग जाते है जबकि भरोसा तोड़ने में एक बुरा वक्त पर्याप्त है। अक्सर हम कई बार सुनते है वाह! तूने तो मेरा दिल जीत लिया, असल में यह आपका विश्वास ही होता हैं।

इस दुनियां में अगर आप अपनी तरफ से किसी व्यक्ति को कोई कीमती चीज़ दे सकते है तो वो है आपका भरोसा। लेकिन, अगर आपके साथ कोई व्यक्ति विश्वासघात कर देता हैं तब आप किसी भी इंसान पर

भरोसा नहीं कर पाते है। भरोसा बनाने में कई साल लग जाते हैं और यही भरोसा टूटने में मात्र कुछ सेकंड ही लगता है। एक झूठ, एक अफवाह या संदेह किसी व्यक्ति की किसी अन्य व्यक्ति पर फिर से भरोसा करने की क्षमता को नष्ट कर सकता हैं।

विश्वास एक कागज़ की तरह है। अगर एक बार आपने इस कागज़ को मोड़ दिया, तो आप इसे ठीक तो कर सकते हैं, लेकिन कागज़ फिर से कभी पहले जैसा नहीं होगा। उसमे गंदगी और कई तरह के मोड़ दिखने लगते हैं। यदि आप किसी पर भरोसा करते हैं, तो निश्चिंत रहें जो भी परिणाम हो, अंत में या तो आपके पास एक बहुत अच्छा दोस्त होगा या बहुत अच्छा सबक होगा। उन लोगों का सम्मान करें, जो आप पर भरोसा करते हैं। लोगों को आप पर भरोसा करने के लिए बहुत कुछ लगता है, इसलिए उनके भरोसे को अनमोल वस्तु की तरह ख्याल रखें।

विश्वास... नई और अकल्पित संभावनाओं को खोलता है। विश्वास प्यार का सबसे अच्छा सबूत होता हैं। इस दुनियां के जितने भी बुद्धिमान लोग थे उन लोगो ने अपने विचारों पर भरोसा किया, अपनी परिस्थितियों पर नहीं। इंसान को उन लोगों पर भरोसा कभी नहीं करना चाहिए, जिनकी भावनाएँ समय के साथ बदलती हैं। उन लोगों पर भरोसा करें, जिनकी भावनाएँ समय रहते हुए भी समान रहती हैं। जब कोई आपका भरोसा तोड़ता है, उन पर भरोसा करने के लिए खुद को बेवकूफ मत समझिए। आपने कुछ भी गलत नहीं किया, वह केवल एक अविश्वसनीय व्यक्ति है।

संचार के बिना, कोई संबंध नहीं है। सम्मान के बिना, कोई प्यार नहीं है। विश्वास के बिना, रिश्ता जारी रखने का कोई कारण नहीं है। मुझे उस व्यक्ति पर भरोसा नहीं है जो मुझसे किसी और के बारे में बुरी बात करता है, वे शायद मेरी पीठ के पीछे भी बात करते हैं। इस दुनिया में सबसे कीमती चीज विश्वास है। इसे अर्जित करने में वर्षों लग सकते हैं और खोने में केवल कुछ सेकंड, इसलिए यह महत्वपूर्ण है कि आप जो कुछ भी करते हैं उसमें सबसे आगे रहें।

राजनीती में जब तक जनता का समर्थन प्राप्त नहीं होता हैं तब तक एक ताकतवर नेता भी चुनाव जीत नहीं सकता है। भले ही उस नेता

ने दुनिया भर का दान किया हो, नेक कार्य किया हो, गरीब लोगो की मदद की हो। लेकिन बिना समर्थन के वो चुनाव नहीं जीत सकता है। कई सरकारें तो बस इस वजह से गिर जाती हैं की उन्हें जनता का समर्थन प्राप्त नहीं होता या फिर जनता का समर्थन प्राप्त भी हैं तो उनके अपने विधायक किसी और पार्टी में चले जाते हैं और बड़ी से बड़ी सरकारें गिर जाती हैं।

जनता ने बॉलीवुड और कलाकारों के प्रति नाराजगी जताई और अपना समर्थन खींच लिया। जिसका परिणाम ये हुआ की बॉलीवुड की फिल्मे लगातार फ्लॉप होने लगी, क्यूंकि जनता ने बॉलीवुड का बहिस्कार कर दिया। करोड़ों रुपये का बिजनेस करनेवाली बॉलीवुड आज घाटे में जा रही हैं साथ ही बॉलीवुड के कलाकारों का स्टारडम अब पहले जैसा भी नहीं रह गया।

समर्थन भी आपको तभी प्राप्त होता हैं जब आपके भीतर सामर्थ्य होता हैं। सामर्थ्य इच्छा शक्ति से आता हैं। आप ज़िंदगी में करना तो बहुत कुछ चाहते हैं लेकिन जब तक इच्छा शक्ति नहीं होगी तब तक आप किसी कार्य के लिए एक कदम तक नहीं उठा सकते हैं। यही आपकी असफलता का एक और कारण होता हैं।

क्रिकेट के मैदान पर हर खिलाड़ी अपने आप में बेहतर होता हैं। किसी की बल्लेबाजी अच्छी है, तो किसी की गेंदबाजी, तो कोई क्षेत्ररक्षण में निपुण हैं। कई खिलाड़ी आलराउंडर होते हैं। अब इनमें से कोई भी अगर किसी मैच में बेहतर प्रदर्शन नहीं करता हैं, तो कोई दूसरा टीम की गिरती दीवार को संभाल लेता है। लेकिन जिस दिन हर खिलाड़ी बुरा प्रदर्शन करता हैं उस दिन टीम हार जाती हैं।

अर्थात हर खिलाड़ी में प्रतिभा तो हैं लेकिन एक दूसरे को सही समर्थन नहीं दे सकने के वजह से पूरी टीम को हार का मुख देखना पड़ा। अब इसमें सबसे अहम भूमिका होती हैं टीम के कप्तान की, जो हर खिलाड़ी को पूरे मैच के दौरान प्रेरित करते रहता हैं। टीम जब -जब कमज़ोर पड़ती है वह अपने दिमाग और सामर्थ्य से उन्हें सही मार्ग पर लेकर आता हैं। अंत में टीम की जीत हो जाती हैं।

ज़िंदगी में सफल होने के लिए स्वयं पर विश्वास करना भी उतना ही महत्वपूर्ण हैं जितना भूख मिटाने के लिए भोजन का महत्व होता हैं। एक बार की बात हैं एक व्यक्ति अपनी ज़िंदगी से इतना परेशान हो गया था की वह अपनी ज़िंदगी ही समाप्त कर लेना चाहता था। वह इसी उधेड़बुन में बैठा, ये अब सब सोच रहा था की अब उसका जीवन व्यर्थ हैं। वह कुछ नहीं कर सकता हैं। जैसे ही अपनी जीवन लीला समाप्त करने के लिए वह फांसी का फंदा तैयार करता हैं उसी समय श्री राम उसके समक्ष प्रकट हो जाते हैं।

प्रभु श्रीराम से वह व्यक्ति कहता हैं। प्रभु, मेरे जीवन में अब कुछ नहीं बचा हैं। मेरा जीवन व्यर्थ हैं। मेरे जीवन का कोई महत्व नहीं हैं। इतना सुनकर प्रभु श्रीराम उसे एक नीले रंग का पत्थर देते हैं और कहते हैं की जाओ इसकी कीमत पता करो, लेकिन याद रहे की इसे बेचना नहीं हैं।

वह व्यक्ति सबसे पहले एक सब्जी वाले के पास जाता हैं और कहता हैं ये पत्थर कितने में खरीदोगे ? सब्जीवाला कहता हैं भाईसाब आप इस आलू की पूरी बोरी को लेकर जाओ और ये पत्थर मुझे दे दो। वह व्यक्ति कहता हैं माफ़ करना भाई ,"मैं इसे नहीं बेच सकता हूँ।

उसके बाद पत्थर लेकर वह व्यक्ति एक फलवाले के पास जाता हैं और कहता हैं की ये पत्थर कितने में खरीदोगे ? फलवाला कहता हैं इसका केवल सौ रुपया ही दे सकता हूँ। वह व्यक्ति कहता हैं माफ़ करना भाई ,"मैं इसे नहीं बेच सकता हूँ।

उसके बाद वह व्यक्ति पत्थर लेकर एक सोनार के पास जाता हैं और कहता हैं की ये पत्थर कितने का खरीदोगे ? सोनार कहता हैं इस पत्थर का मैं तुम्हे एक करोड़ दे सकता हूँ। वह व्यक्ति कहता हैं माफ़ करना भाई ,"मैं इसे नहीं बेच सकता हूँ।

अंत में वह व्यक्ति उस पत्थर को लेकर एक हीरा व्यापारी के पास जाता है और कहता हैं की ये पत्थर कितने का खरीदोगे ? वह व्यापारी उस पत्थर को बड़े ही ध्यान से कुछ देर तक जांच -परख करता है और एक मखमल के कपडे में लपेट देता हैं पूछता हैं की ये तुम्हे कहाँ से मिला ? क्यूंकि ये कोई साधारण पत्थर नहीं हैं बल्कि एक अनमोल रत्न हैं। इस संसार की पूरी दौलत लगा देने के बाद भी इस पत्थर के कीमत नहीं

लगाई जा सकती हैं।

वह व्यक्ति व्यापारी के पास से निकलकर प्रभु श्री राम के पास जाता हैं और कहता हैं की हे प्रभु, अब तो बता दीजिये की मेरे जीवन का क्या महत्व हैं और क्या कीमत हैं ?

प्रभु श्रीराम कहते हैं सब्जीवाला, फलवाला, सोनार और हीरा व्यापारी इन सभी ने तुम्हे तुम्हारे जीवन का महत्व और कीमत बता दिया हैं। किसी के लिए तुम मात्र एक पत्थर के सामान हो और किसी के लिए तुम एक बहुमूल्य आभूषण।

हर किसी ने अपनी जानकारी के अनुसार उस पत्थर की कीमत तुम्हे बता दी लेकिन उस हीरा व्यापारी ने उस पत्थर को पहचान लिया। ठीक इसी तरह कुछ लोग जीवन में तुम्हारा महत्व नहीं पहचान पाएंगे लेकिन इन सभी बातों से निराश मत होना। इस संसार में हर व्यक्ति के पास कोई ना कोई हुनर होता हैं जो सही समय आने पर निखर कर सामने आता हैं। इस लिए तुम्हे स्वयं पर विश्वास करना चाहिए। जीवन में सफल होना हैं तो सबसे पहले स्वयं पर विश्वास करना होता हैं तब जाकर तुम किसी भी कार्य में सफल हो सकते हो।

10

मन पर अधिकार रखने वाला (धैर्यवान व व्यसन से मुक्त)

दो सबसे शक्तिशाली योद्धा धैर्य और समय हैं।- लियो टॉल्स्टॉय

प्रभु श्री राम, भगवान विष्णु का अवतार थे लेकिन पृथ्वी पर वो एक साधारण मानव की तरह रहते थे। ना कभी कोई चमत्कार दिखाया ना किसी को भ्रमित किया। उनके जैसा धैर्यवान मनुष्य पूरी दुनिया में नहीं होगा। ज़रा आप सोचियें की जिस प्रभु श्री राम को रात तक यह बात पता थीं की कल वो राजा बननेवाले हैं और सुबह होते ही ये पता चले की उन्हें राजगद्दी छोड़नी होगी और चौदह वर्ष के वनवास के लिए जाना होगा। तो उस मानव के मन पर क्या भाव दिखने चाहिए। वो तो उथल पुथल मचा देगा, क्रोधित हो जाएगा।

लेकिन श्री राम ने माता कैकेयी से कहा "बस, इतनी सी बात हैं और मुस्कुराते हुए वन को चल दिए। वन में उनकी पत्नी का हरण हो जाता हैं। वो पत्नी जिसे वो बेहद प्रेम किया करते थे लेकिन अब वो उनके पास नहीं हैं। वन-वन भटकते फिर जाकर पता चलता हैं की रावण ने सीता को लंका ले जाने का कार्य किया हैं।

लंका तक पहुंचने के लिए अथाह सागर लांघना सरल नहीं था। लेकिन धैर्य से उन्होंने इस कार्य को भी पूरा किया। युद्ध में लक्ष्मण को शक्ति बाण लग जाने पर हनुमान के संजीवनी बूटी लेकर आने तक के

धैर्य में श्री राम जैसा कोई नहीं। रावण से युद्ध जीतने के बाद भी वो तुरंत सीता से मिलने नहीं गए। उसके लिए भी अपने धैर्य की परीक्षा दिखाई। क्यूंकि अब लंका के राजा रावण नहीं बल्कि विभीषण बन चुके थे। उनकी आज्ञा लेकर, सीता की अग्नीपरीक्षा, फिर मिलन ये सब धैर्य श्री राम के पास ही हो सकता है।

मर्यादा पुरुषोत्तम राम को एक श्रेष्ठ राजा माना जाता है। एक आदर्श बेटे, शिष्य, भाई, पति, राजा के तौर पर युगों-युगों तक उनका नाम स्मरणीय है। पूरा जीवन श्रीराम सत्य, धर्म, दया और मर्यादा के पथ पर चले। इसी कारण उनके राज को 'राम राज' कहा गया। 'राम' महज एक नाम नहीं, बल्कि आदर्श पुरुष का तमगा बन गया। इस युग में लोग उम्मीद करते हैं, कि 'बेटा हो तो राम जैसा', राजा हो तो राम जैसा', चरित्र हो तो राम जैसा'। लेकिन राम जैसा बनने के लिए राम जैसे आदर्शों पर चलना मुश्किल होता हैं ! आप श्री राम तो नहीं बन सकते हैं लेकिन उनके आदर्शों को अपनाकर उनके जैसा बनने की कोशिश अवश्य कर सकते हैं।

"धीरज रखो। आसान होने से पहले सभी चीजें मुश्किल होती हैं।"

धैर्य एक ऐसी सवारी हैं जो अपने सवार को कभी गिरने नहीं देती हैं। इस धैर्य से आप हारी हुई बाज़ी भी जीत सकते हैं। जो धैर्य रख सकता हैं वो दुनिया का कोई भी कार्य कर सकता हैं, क्यूंकि सभी महान उपलब्धियों के लिए धैर्य की आवश्यकता होती है।

कलयुग में इंसान के भीतर धैर्य ना होने के चलते वो अपने बनते कार्य भी बिगाड़ लेता हैं। क्यूंकि जल्दबाजी में वो ऐसी गलती कर बैठता हैं जो उसे नहीं करना चाहिए था। सड़क पार करते समय अगर आप धैर्य नहीं रखते हैं तब आप दुर्घटना का शिकार बन सकते हैं। बल्लेबाजी करते समय अगर बल्लेबाज लालच में दो की जगह तीन रन लेने की कोशिश करता हैं तो वो रन आउट हो सकता हैं। क्यूंकि उसने भी अपना धैर्य नहीं रखा। अगर रखता तो हो सकता था की अगली गेंद पर वो चौका या छक्का लगा सकता था!

धैर्य का अर्थ होता हैं सही समय का इंतज़ार करना। समस्या ये हैं की लोग इंतज़ार नहीं करना चाहते हैं। उन्हें सारी चीज़े शीघ्र ही चाहिए। एक

किशोर के जन्म लेने में भी नौ महीने का समय लगता हैं। एक पेड़ पर फल आने में कई वर्ष बीत जाते हैं। एक विद्यार्थी पूरे वर्ष पढ़ाई करता हैं तब जाकर पास होता हैं। देखियें होता क्या हैं की धैर्य के साथ आप मेहनत करते हैं। बिना मेहनत के दुनिया की कोई चीज़ आप प्राप्त नहीं कर सकते हैं। सफलता के लिए तो आपको बहुत ही अधिक धैर्य रखना पड़ता हैं।

धैर्य आपके व्यक्तित्व को ऊंचा उठाने में काफी मदद करता हैं। जीवन में जब आप किसी विषम परिस्थिति में होते हैं तब आपके मन में चिंता, शोक और उदासी चली आती हैं। लेकिन धैर्यवान व्यक्ति विपत्ति आने पर भी अपना मानसिक संतुलन बनाए रखता है और शांतचित्त होकर इस पर नियंत्रण करते हुए दुख से बचने का सरल मार्ग खोज लेता है।

गीता में मनुष्य के इस गुण को दैवीय संपदा कहा गया हैं। क्यूंकि धैर्य ना होने पर मनुष्य जल्दबाजी करता हैं, गलत कार्य करता हैं, फिर बेवज़ह किसी मुसीबत में फंस जाता हैं। धैर्यशाली होना आपकी कमजोरी नहीं बल्कि आपकी सबसे बड़ी ताकत होती हैं। मनुष्य का जीवन तमाम कष्टों और संघर्षों से भरा हैं लेकिन इस पथ पर चलकर आप सब कुछ प्राप्त कर सकते हैं।

इसीलिए संत तुलसीदास ने उचित ही कहा है "धीरज, धर्म, मित्र अरु नारी, आपद काल परखि आहिं चारी"। यानी इन चारों को आपातकाल में परखना चाहिए।

ऐसा ही कुछ भार्तिहरी भी कहते हैं कि चाहे नीति निपुण व्यक्ति हमारी निंदा करें और चाहे स्तुति करें, लक्ष्मी यानी धन संपदा चाहे रहे या न रहे, आज ही मरना हो या चाहे एक युग के बाद मरना हो, लेकिन धीर पुरुष न्याय के रास्ते से विचलित नहीं होते हैं। धैर्य के गुण का महत्व जीवन के अलग-अलग क्षेत्रों में स्पष्ट रूप से महसूस किया जा सकता है।

धैर्यवान होना आज की दुनिया में सरल काम नहीं हैं। धैर्यवान होना एक तरह की विषेषता हैं और अगर आप इसे विकसित करने में सफल होते हैं तो आप दुनिया के किसी भी कार्य में सफलता प्राप्त कर सकते

हैं। धैर्य का अर्थ स्वयं को रोकना होता है। जब कोई मनुष्य स्वयं को किसी कार्य से रोक ले कि जिसे वह कर सकता हो तो ऐसे व्यक्ति के बारे में यह कहा जाएगा कि उसने धैर्य से काम लिया। इसलिए धैर्य की आम परिभाषा यह होगी कि स्वयं को ऐसे काम से रोकना जो लक्ष्य तक पहुंचने में रुकावट या उस तक देर तक पहुंचने का कारण बने।

धैर्य ही हमें समस्याओं से बाहर निकालता है। धैर्यवान सब कुछ बडे धीरज के साथ कर सकता है। धैर्य से ही हम सफलता पा सकते हैं। धैर्यवान का जीवन ही सच्चे अर्थ में जीवन है। धैर्य असफलताओं को स्वीकार करने और जीवन का अधिक आनंद लेने की आपकी क्षमता में सुधार करता हैं।

धैर्य से आप बहुत कुछ प्राप्त कर सकते हैं। जैसे आप अपने लक्ष्यों और सपनों पर बेहतर ध्यान केंद्रित कर सकते हैं। अधिक तर्कसंगत, यथार्थवादी निर्णय ले सकते है। आप दृढ़ता और लचीलापन विकसित करते है। आपके पास नए कौशल सीखने का बेहतर समय है। यह आपको एक बेहतर श्रोता बनने की अनुमति देता हैं। आप दूसरों को सहज महसूस कराते हैं। आप दयालुता का अभ्यास करते हैं और दूसरों को भी ऐसा करने के लिए प्रोत्साहित करते है। आप शांतिपूर्ण जीवन जीना सीखते हैं, तनावपूर्ण नही।

आपको इस बात का ध्यान रहना चाहिए की दुनिया आज बड़ी ही तेजी से बदल रही हैं और आपको लगता हैं की आप किसी भी कार्य में शीघ्र ही सफलता प्राप्त कर लेंगे तो ये आपकी सबसे बड़ी भूल होगी। आप अपनी सफलता के पथ में लगातार सफल नहीं हो सकते हैं। आप एक घुड़सवार की तरह गिर सकते है और गिरने के बाद फिर से उठकर सवारी करने की शक्ति आपके भीतर होनी चाहिए। ये सब आप केवल धैर्य से ही प्राप्त कर सकते हैं।

जीवन में धैर्य केवल आप ही नहीं रखते हैं बल्कि आप से जुड़े लोग, आपका परिवार, मित्र सभी किसी ना किसी तरह जुड़े होते हैं। अगर कोई व्यक्ति सही दिशा में धैर्य के साथ लगातार मेहनत कर रहा है तो देर से ही सही, लेकिन एक दिन सफलता जरूर मिलती है। बाधाओं के बिना सफलता हासिल करने की उम्मीद करने से हमारा समय और जीवन,

दोनों बर्बाद होते हैं।

एक बात आपने ने अवश्य ही सुनी होगी, "ये वक्त भी गुज़र जाएगा' कहने का मतलब सिर्फ यह नहीं हैं की आपका बुरा वक्त ही गुजरेगा बल्कि अच्छा वक्त भी गुजर जाएगा। इसलिए आपको धैर्य के साथ जीवन में आगे बढ़ना चाहिए ताकि सफलता-असफलता, जीत-हार, हर चीज़ का सामना आप कर सकें। अगर आप अपने जीवन में किसी भी कार्य के लिए कड़ी मेहनत करते हैं वो भी पूरी लगन के साथ तो आपके भीतर धैर्य होना ही चाहिए।

"जीवन में जब भी बुरा वक्त आए, धैर्य नाम के मोती को धारण कर लेना।"

एक संत ने किसी व्यक्ति से कहा था कि धैर्य मोती है। जीवन में जब भी बुरा वक्त आए, धैर्य नाम के मोती को धारण कर लेना। जब तक यह मोती पास में रहेगा, जीवन में दुख नहीं आएगा। समय के बारे में भी कहा जाता है, समय बड़ा बलवान है सही वक्त का इंतजार करो। खराब घड़ी भी दिन में दो बार सही समय बताती है। इसीलिए लगन और मेहनत के साथ समय का सही उपयोग और उसे पहचानने की कला सीखनी चाहिए। समय और धैर्य से हम जीवन में सब कुछ प्राप्त कर सकते हैं।

धैर्य को लेकर एक कहानी आप भी सुन लीजिये। एक गांव था और उस गाँव के करीब एक जंगल था। जंगल से गाँव की तरफ जंगली जानवर कभी भी चले आते थे। ऐसे में उस गाँव में रहने वाले लोग जंगली जानवरो से बचने के लिए पेड़ पर चढ़ जाते थे। पेड़ पर चढ़ने की शिक्षा गाँव के ही एक बाबा दिया करते थे जो अपने ज़माने में पलक झपकते ही किसी भी पेड़ पर चढ़ जाया करते थे।

एक दिन बाबा ने उस गाँव के कुछ बच्चों को बुलाया और पेड़ पर चढ़ने की शिक्षा देने लगे। इसी तरह दिन बीतते गए और गाँव के सभी बच्चे हर प्रकार के पेड़ पर चढ़ना सीख गए। लेकिन अब असली परीक्षा होनी बाकी थीं। बाबा ने कहा,"तुम सब कल तैयार होकर आना, पेड़ पर चढ़ने का कल अंतिम इम्तिहान होगा"। बच्चों ने सोचा हम तो हर प्रकार के पेड़ पर चढ़ने में सक्षम हैं भला हम इसमें कहा चूकने वाले हैं।

अंतिम दिन जब सभी बच्चे बाबा के पास आये तब बाबा ने उन्हें एक ऊंचा और चिकना पेड़ दिखाया और कहा की अगर तुम सब इस पेड़ पर चढ़ गए तो दुनिया के किसी भी पेड़ पर आसानी से चढ़ सकते हो। इसलिए मैं तुम्हें इस चिकने और ऊँचे पेड़ पर चढ़ने की चुनौती दे रहा हूँ। यदि तुम सब इस पेड़ पर चढ़ने में सफ़ल रहते हो, तो दुनिया के किसी भी पेड़ पर आसामी से चढ़ सकते हो।"

अब सभी बच्चे कतार लगाकर खड़े हो गए और अपनी-अपनी बारी का इंतज़ार करने लगे। पहला बच्चा पेड़ पर चढ़ने लगा। वह बड़ी ही आसानी से पेड़ पर चढ़ा और फिर नीचे उतरने लगा। उतरते समय जब वह आधे रास्ते में था, तब बाबा बोले, "सावधान आराम से संभलकर उतरो। कोई जल्दी नहीं है।"

उस युवक ने वैसा ही किया। वह सावधानी से नीचे उतरा। उसके बाद एक-एक कर सारे युवक पेड़ पर चढ़ने लगे। जब वे पेड़ पर चढ़ते, तब तो बाबा उन्हें कुछ नहीं कहते। लेकिन जब वे पेड़ से उतरते समय आधे रास्ते पर होते या बस नीचे पहुँचने वाले होते, तो बाबा कहते, "सुनो, आराम से, थोड़ा संभलकर और पूरी सावधानी से उतरो। किसी प्रकार की कोई जल्दी नहीं है।"

सभी युवकों ने बाबा की बात मानी और पेड़ पर चढ़कर नीचे उतरने में सफ़ल हुए। सब बड़े ख़ुश थे। लेकिन एक बात उन्हें खटक रही थी और वह यह थी कि बाबा ने उन्हें पेड़ से उतरते समय ही सावधान रहने को क्यों कहा। पेड़ पर चढ़ते समय क्यों नहीं?

उन्होंने बाबा से पूछ ही लिया, "बाबा इस पेड़ की सबसे ऊपरी शाखा पर चढ़ना सबसे कठिन था। लेकिन आपने उस पर चढ़ते समय हमें संभलकर रहने नहीं कहा। लेकिन पेड़ से उतरते समय जब जमीन तक की दूरी बहुत कम रह गई थी, तब आपने हमें संभलकर और सावधान रहने को कहा। ऐसा क्यों?"

बाबा बोले, "देखो, पेड़ की सबसे ऊपरी शाखा पर चढ़ना बहुत कठिन है। ये मैं भी जानता हूँ और तुम भी. इसलिए मेरे बिना बोले ही तुम पहले से ही सतर्क थे। ऐसा हर किसी के साथ होता है। कार्य के प्रारंभ में सब सतर्कता से ही आगे बढ़ते हैं। किंतु सतर्कता और सावधानी में चूक तब

होती है, जब हम मंजिल के समीप होते हैं। तब हमें लगने लगता है कि हमारा काम तो पूरा होने को है। मंजिल अब दूर नहीं और वहाँ हमारा ध्यान भटक जाता है और हम गलती कर जाते हैं। इसलिए हमेशा याद रखो कि मंजिल के नज़दीक पहुँचने और यथार्थ में मंजिल पर पहुँचने में बहुत फ़र्क है।"

हमारे जीवन में भी ऐसा कई बार होता है कि किसी काम को पूरा करने के कगार पर होकर भी हम उसे पूरा नहीं कर पाते। अंतिम क्षणों में कुछ गड़बड़ हो जाती है और हम पछताते रह जाते हैं। अंतिम क्षणों की ज़रा सी असावधानी से हमारा पूरा काम खराब कर देती हैं। ऐसा इसलिए होता है क्योंकि मंजिल के करीब पहुँचकर हम अपना धैर्य खो देते हैं। धैर्य खो देने के कारण हमसे चूक हो जाती है। इसलिए जब तक मंजिल तक न पहुँचे, धैर्य बनाकर रखें। कार्य के प्रारंभ में जितना धैर्य और सावधानी आवश्यक है, कार्य समाप्ति तक भी आवश्यक है। इसलिए कार्य पूर्ण होने तक धैर्य न खोएं। उतने ही सावधान रहें, जितने सावधान आप प्रारंभ में थे। कहीं धैर्य खो देना लक्ष्य खो देने का कारण न बन जाए।

11

क्रोध जीतने वाला (शांत और सहज)

क्रोध और आंधी दोनों एक समान है, शांत होने के बाद ही पता चलता है की नुकसान कितना हुआ है।

मर्यादा पुरुषोत्तम प्रभु श्री राम का चरित्र एक साफ़, सुन्दर और स्वच्छ जल के भाँती था उसमे किसी के लिए कोई क्रोध, द्वेष, ईर्ष्या नहीं थीं। गंभीर से गंभीर परीस्थिति में भी एक दम शांत, सहज भाव में रहना उन्हें बेहतर ढंग से आता था। क्रोध पर उन्होंने विजय प्राप्त कर ली थीं। उनके जीवन में ऐसे कई क्षण आये जब उन्हें क्रोधित होते देख सकते थे। लेकिन विषम से विषम परीस्थिति में भी उन्होंने अपना धैर्य नहीं खोया। अन्यथा राजगद्दी छीन जाने पर, वनवास हो जाने पर, सीता का हरण हो जाने पर, सुग्रीव के अपने वचन के भूल जाने पर, जो सुग्रीव ने उन्हें दिया था की बाली से जीत के बाद वो माता सीता की खोज में उनका साथ देंगे लेकिन सुग्रीव श्री राम की सहायता को भूलकर रासलीला रचा रहे थे।

रावण बार बार श्री राम को अपमानित करता रहा। लेकिन श्री राम, उनके मुख पर तो चिंता या अपमान की एक रखा तक नज़र नहीं आती थीं। रावण ने सीता का हरण किया हैं इस बात को जानते हुए भी रावण को अंत समय तक अभयदान देने की बात करते रहे। लेकिन रावण को यही बात और अपमानित लगती थीं की ये वनवासी होता कौन हैं त्रिलोक

विजेता रावण को अभयदान देने वाला। सच कहे तो रावण पर श्री राम ने विजय तो बहुत बाद में प्राप्त की थीं लेकिन अपने क्रोध पर उन्होंने विजय जन्म लेते ही कर ली थीं।

श्री राम, ये नाम इतना पवित्र और पावन हैं की इसे लेने मात्र से ही आपके जीवन में सब कुछ प्राप्त हो जाता हैं। श्री राम का चरित्र जैसा था वैसा अपनाकर हर प्राणी अपने जीवन में सफलता प्राप्त कर सकता हैं। अब आप सोच रहे होंगे की सफलता से क्रोध का क्या लेना देना हैं। जी ! बिलकुल लेना देना हैं। जैसे बिना पानी के आप प्यास नहीं बुझा सकते हैं। बिना भोजन के भूख नहीं मिटा सकते हैं। ठीक उसी तरह क्रोधी इंसान जब अपने क्रोध पर विजय प्राप्त नहीं कर सकता हैं तब अपने जीवन में सफलता कैसे प्राप्त कर सकता हैं।

क्रोध हमें उन लोगों से भी दूर कर देता है जो लोग हमें सच में मानते है। क्रोध में बोला गया एक कठोर शब्द इतना जहरीला बन सकता है कि आपकी हजार प्यारी बातों को कुछ ही क्षण में नष्ट कर सकता है। क्रोध का भाव हमेशा क्रोधी को ज्यादा नुकसान पहुंचाता है, बजाय उसके जिस पर वो क्रोधित हो रहा हो। क्रोध करने वाले लोग अक्सर जीवन में कुछ भी बड़ा नही कर पाते है। इसलिए क्रोध पर विजय पाना आवश्यक हैं और सफलता के लिए तो अत्यंत ज़रूरी है।

आखिर ये क्रोध हैं क्या ? जो जानते हुए भी लोग इसे पहचान नहीं पाते हैं। क्रोध या गुस्सा एक भावना है। आपने देखा होगा जब आप क्रोधित होते हैं तब आपके शरीर में इसका गलत असर दिखाई देने लगता हैं। आपका रक्तचाप बढ़ जाता हैं। आपके दिल की धड़कन तेज़ हो जाती हैं। क्रोध मानव के लिए हानिकारक हैं और क्रोधी इंसान के भीतर बहुत डर होता हैं। एक तरह से वो कायर इंसान होता हैं। क्रोध मे व्यक्ति की सोचने समझने की क्षमता लुप्त हो जाती है और वह समाज की नज़रों से गिर जाता है। क्रोध इंसान तब करता हैं जब व्यक्तिगत या सामाजिक तौर पर उसे किसी बात पर चिढ़ होती हैं। क्रोध का लक्ष्य कभी कभी-किसी व्यक्ति विशेष या समाज से प्रेम की अपेक्षा करना भी होता है।

क्रोध से आप किसी और का नहीं बल्कि स्वयं का नुकसान करते हैं। क्रोध करनेवाला व्यक्ति ऐसा हैं जो बिना परिणाम जाने ही अकेले ही शत्रु पर टूट पड़ता हैं। लेकिन वो इस बात को भूल जाता हैं की इसमें उसे विजय नहीं बल्कि पराजय का मुख देखना होगा। क्यूंकि क्रोधी व्यक्ति का साथ दुनिया का कोई इंसान नहीं देता हैं। परिस्थिति का आंकलन किये बिना अगर आप अपनी बुद्धि का सही तरह से प्रयोग नहीं करते हैं तब आपको एक ऐसे परिणाम से सामना करना पड़ सकता हैं जिसके बारे में आपने सोचा भी नहीं होता हैं। क्रोध हमारी बुद्धि का विनाश कर देता है। क्रोधी व्यक्ति सबसे अधिक नुकसान अपने आसपास के लोगो को ही करता हैं जिनसे वो प्यार करता हैं।

क्रोध से मूढ़ता उत्पन्न होती है, मूढ़ता से स्मृति भ्रांत हो जाती है, स्मृति भ्रांत हो जाने से बुद्धि का नाश हो जाता है और बुद्धि नष्ट होने पर प्राणी स्वयं नष्ट हो जाता है। - भगवान कृष्ण

श्री कृष्णा ने शिशुपाल की सौ गाली माफ़ की थीं, उसके बाद उसका वध किया। अब आप सोचिये की आज के कलयुग में कोई किसी को एक गाली दे दें या ऊंची आवाज़ में बात कर दें तो युद्ध शुरू हो जाता हैं लेकिन श्री कृष्णा ने शिशुपाल की सौ गलतीया माफ़ की थीं। इसके पीछे की कहानी बड़ी ही रोचक हैं।

शिशुपाल श्री कृष्णा की बुआ का लड़का था। जब शिशुपाल का जन्म हुआ था, तब वो साधारण बालक जैसा नहीं था। उसके पास तीन नेत्र और चार भुजाएं थीं। वह गधे की तरह रो रहा था। उसके माता-पिता उसका का त्याग कर देना चाहते थे, लेकिन उसी समय एक आकाशवाणी होती हैं की ये बालक बड़ा होकर बहुत बड़ा वीर होगा और उसकी मृत्यु का कारण वह व्यक्ति बनेगा जिसके गोद में जाने के बाद इस बालक के एक अतिरिक्त नेत्र इसके ललाट में विलीन हो जाएगी और दो भुजाओं का परित्याग कर देगा।

अब बात इतनी बड़ी थीं और आकाशवाणी को सुनकर देश-प्रदेश के कई राजा और योद्धा उस बालक शिशुपाल को देखने आये। शिशुपाल के माता-पिता ने बारी - बारी से हर किसी की गोद में शिशुपाल को दिया, लेकिन कोई भी चमत्कार नहीं हुआ। इसके बाद शिशुपाल के माता-पिता

ने श्री कृष्णा की गोद में शिशुपाल को दिया। गोद में आते ही, शिशुपाल का एक नेत्र गायब हो गया और दो भुजाएं ज़मीन पर गिर जाती हैं।

इतना सब कुछ देख शिशुपाल की माता ने श्री कृष्णा से कहा की इसके प्राणो की रक्षा करना। श्री कृष्ण भविष्य जानते थे इसलिए उन्होंने शिशुपाल की माता को वचन दिया की वो शिशुपाल की सौ गलतियों को माफ़ कर देंगे लेकिन उसके बाद क्षमा नहीं करेंगे। भविष्य में शिशुपाल ने श्री कृष्णा को कई बार अपमानित किया लेकिन अपने क्रोध पर उन्हें विजय प्राप्त थीं इसलिए शिशुपाल बचता गया।

कहानी अब इस मोड़ पर पहुँचती हैं की जरासंध का वध करने के बाद श्री कृष्ण, अर्जुन, और भीम इंद्रप्रस्थ लौट आते है। इसी दौरान युधिष्ठिर राजसूय यज्ञ करवा रहे होते हैं जिसमे वेदव्यास, भारद्वाज ,सांतनु, गौतम, असीत, वशिष्ठ, चवण, कावंड, मैत्रेय, कवष, जित, विश्वामित्र, वामदेव, सुमति, जैमिन, क्रतु, पैल, पराशर, गर्ग, वैशम्पायन, अथर्वा, कश्यप, धौम्य, परशुराम, शुक्राचार्य, असुरि, वीतहोत्र, मधुद्वंदा ,वीरसेन, अकृतब्रण इन सभी के अलावा देश के सभी राजाओं को बुलाया था।

अब यज्ञ पूजा के बाद यज्ञ की शुरुवात के लिए इस बात पर विचार किया जाने लगा की सब से पहले किस देवता की पूजा की जाएं। इस बात पर सहदेव खड़े होकर कहते हैं श्री कृष्ण ही सभी देवो के देव है। जिन्हें ब्रह्मा और शंकर भी पूजते हैं, इसलिए मेरे विचार से उन्ही की पूजा की जाएं। इस बात से गंगा पुत्र भीष्म भी सहमत होते हैं। तब युधिष्ठिर शास्त्र रूपी मंत्रो से श्री कृष्णा की पूजा करते हैं।

अब यही पर शिशुपाल से नहीं रहा गया और वो सभा में खड़ा हो जाता है और कहता हैं "हे सभासदो, मुझे लगता हैं की इस सभा ने इस बालक सहदेव से अधिक बुद्धिमान कोई और नहीं हैं जो इस बालक की बात सुनकर उसकी हां में हां मिला रहे हैं और इस कृष्ण की पूजा कर रहे हैं? क्या इस कृष्णा से आयु, बल और विद्या में कोई और बड़ा नहीं हैं? क्या इस गाय चराने वाले ग्वाले के अतिरिक्त यहाँ पर कोई नहीं हैं? क्या गीदड़, सिंह की जगह ले सकता हैं? इसका ना कोई कूल हैं ना जाति हैं और ना को वर्ण हैं ? राजा ययाति के श्राप के कारण राजवंशियों ने

कैसे इस यदुवंश को बहिस्कृत कर रखा हैं। यह जरासंध के डर से मथुरा त्याग कर समंदर में छीपा था। भला यह किस प्रकार से अग्रपूजा पाने का अधिकारी हैं?

इस प्रकार शिशुपाल श्री कृष्ण को गालिया देने लगा। सभा में सभी लोग शिशुपाल का वध करने के लिए हथियार लेकर खड़े हो जाते हैं लेकिन श्री कृष्णा सभी को रोक देते हैं। बात बढ़ने लगी और शिशुपाल की गालीया भी, लेकिन श्री कृष्ण ने सभी को शांत करा बैठा दिया।

किंतु शिशुपाल का काल निश्चित था। वहा बिना भयभीत हुए कृष्ण को और अधिक गालीया देने लगा। तब श्री कृष्ण ने गरजते हुए कहा,"बस, शिशुपाल ! मैंने तेरे एक सौ शब्दों को क्षमा करने की प्रतिज्ञा की थीं इसलिए अब तक तेरे प्राण बचे रहे। अब सौ पूरे हो चुके हैं। तुम अभी भी अपने प्राण बचाने के लिए शांत होकर इस सभा में बैठ सकते हो, इसी में तुम्हारी भलाई हैं।

लेकिन शिशुपाल पर इसका कोई असर नहीं हुआ और अपनी तलवार निकालकर वो श्री कृष्णा को फिर से गालियाँ देने लगा। शिशुपाल के मुख से अपशब्द सुनकर इस बार श्री कृष्णा ने अपना सुदर्शन चक्र निकाल लिया और चक्र से शिशुपाल का गला काट देते हैं। शिशुपाल के शरीर से एक ज्योति निकलती हैं और श्री कृष्ण के शरीर में समा जाती हैं।

अर्थात आप सोच लीजिये की श्री कृष्णा सब कुछ जानते हुए शिशुपाल की गलतियां माफ़ कर रहे थे। लेकिन शिशुपाल को अपने क्रोध पर संयम नहीं था। उसके माता-पिता ने भी इस बात को उसे अवश्य बताया होगा लेकिन उसके क्रोध ने ही उसकी जान ले ली।

सफलता की कुंजी कहती है कि व्यक्ति को बुरी आदतों से दूर रहना चाहिए। क्रोध एक ऐसी ही बुरी आदत है। क्रोध व्यक्ति का सब कुछ नष्ट कर देता है। चाणक्य नीति कहती है कि व्यक्ति को कभी क्रोध नहीं करना चाहिए. क्रोध में व्यक्ति अच्छे और बुरे का अंतर भूल जाता है और क्रोध में कभी ऐसा कदम उठा लेता है जो स्वयं के लिए तो हानिकारक होता ही है, दूसरों को भी मुसीबत में डाल देता है. इसलिए क्रोध से बचने का प्रयास करना चाहिए।

क्रोध अहंकार को बढ़ाता है। अहंकार व्यक्ति का सर्वनाश कर देता है। इसलिए इन स्थितियों से बचने का प्रयास करना चाहिए। क्रोध में इंसान का स्वभाव बदल जाता है। हर कोई उससे भय खाने लगता है। लोग दूरी बना लेते हैं। जो व्यक्ति हर समय क्रोध करता है उससे लोग दूर रहना ही उचित समझते हैं। क्रोध को ज्ञान, अध्यात्म और संस्कार से दूर किया जा सकता है।

क्रोध को पाले रखना बिल्कुल वैसे ही है जैसे किसी गर्म कोयले को दूसरे पर फेंकने की नीयत से अपने हाथ में पकड़े रहना। कहने का तात्पर्य यह कि क्रोध में इंसान खुद ही जलता है। जिस प्रकार माचिस की तीली दूसरों को जलाने से पहले खुद जलती है, इसी प्रकार क्रोध पहले आपको बर्बाद करता है फिर दूसरों को। अगर आप सही है तो आपको क्रोध करने की बिल्कुल जरूरत ही नही है और यदि आप गलत है तो फिर आपको गुस्सा होने का कोई हक नहीं है।

आपने देखा होगा की क्रोधी व्यक्ति के निकट कोई नहीं जाना चाहता हैं। हर कोई उससे दूर रहने में ही अपनी भलाई समझता हैं। क्रोधी का कोई मित्र नहीं होता हैं। अपने जीवन में अगर आप किसी कार्य में सफलता प्राप्त करना चाहते हैं तो आपको केवल कड़ी मेहनत, धैर्य और लगन पर ही ध्यान केंद्रित नहीं करना होता हैं बल्कि आपके अपने क्रोध पर भी ध्यान देना होता हैं।

आपने बॉलीवुड के कुछ कलाकारों को देखा होगा की कैसे वो आपने ही चाहनेवालों के खिलाफ तब हो जाते हैं जब लोग उनके साथ कुछ तस्वीर खिंचवाना चाहते हैं। बॉलीवुड के कुछ कलाकार अपने चाहनेवालों को धक्के दे देते हैं उनके साथ मारपीट तक कर लेते हैं। उनका मोबाइल फ़ोन तक तोड़ देते हैं। लेकिन वही दक्षिण भारतीय कलाकार आपने चाहनेवालों को गले तक लगा लेते हैं। सिर्फ अपने फैंस का दिल जीतने के लिए कलाकार यश किस तरह से अपने समय की परवाह किये बिना अपने सात सौ से अधिक चाहनेवालों के साथ एक एक कर तस्वीर निकलवाते हैं। दक्षिण भारतीय कलाकार उन्हें अपने क्रोध पर विजय प्राप्त हैं क्यूंकि उनका जीवन संस्कारो से भरा हैं अपने चाहनेवालों को सम्मान देते हैं। क्रोध नहीं करते। यही वजह हैं की लोग उन्हें पसंद करते

हैं।

आम तौर पर क्रोध करते समय लोग यही सोचते हैं कि वह दूसरों को नुकसान पहुंचा रहे है। लेकिन असल में क्रोध का भयंकर असर उन्हें ही अंदर ही अंदर ख़त्म कर रहा होता है। क्रोध करनेवाले व्यक्ति से हर कोई दूरी बना लेता हैं जिसके चलते उसके रिश्ते उनके करीबी लोगो से तो टूटते ही हैं, साथ ही नए रिश्ते भी नहीं बनते जिसके चलते कई बड़े अवसर उनके जीवन से निकल जाते हैं। मूर्ख मनुष्य क्रोध को जोर-शोर से प्रकट करता है, किंतु बुद्धिमान शांति से उसे वश में करता है।

आपने कई बड़ी कंपनियों में भी देखा होगा की जो आपके सीनियर होते हैं वो लोग भी जानभूझकर अपने से नीचे सहकर्मी पर क्रोध करते हैं ताकि वो इस बात को जता सकें की उसके सामने वो लोग कितने छोटे हैं। लेकिन ऐसे सीनियर लोगो का काम भी यही छोटे लोग जानभूझकर बिगाड़ देते हैं। ये सोचकर की चलो इसका क्रोध हम एक बार और बर्दाश्त कर लेंगे लेकिन इसे इसकी असली जगह दिखा देंगे। इसे भी तो कोई डांटनेवाला हैं। ऐसे में उसका अपना विकास रुका रहता हैं।

लेकिन कुछ सीनियर ऐसे होते हैं जो अपने से नीचे काम करनेवालों को एक मित्र की तरह व्यवहार करते है। सुख-दुःख में साथ खड़े रहते हैं। कोई भेदभाव नहीं करते हैं और जब उसे आवश्यकता होती हैं तब यही लोग उस सीनियर के साथ खड़े रहते हैं और उस सीनियर का विकास लगातार होते रहता हैं। क्रोध कर आप स्वयं का नुकसान तो करते ही हैं साथ ही दूसरो के आत्मसम्मान को भी चोट पंहुचा देते हैं।

देखो यार, दुनिया में हर चीज़ की अपनी एक वजह होती हैं। हर घटना के पीछे एक कारण होता हैं। क्रोध के पीछे भी कारण होता हैं। कई बार क्रोध करने से पहले आप उसके पीछे का कारण जान सको तो हो सकता हैं की आपका क्रोध कम हो जाएगा। हो सकता हैं की सामने वाली की कहानी सुनकर आपका क्रोध एकदम ही शांत हो जाएँ।

इंग्लिश पॉइंट नाम की एक इंग्लिश कोचिंग संस्था है। सुभाष जोशी इसके कर्ता धर्ता हैं। क्रोध को लेकर इन्होंने एक ज़बरदस्त कहानी सुनाई हैं। तीन छोटी -छोटी कहानी सुना दी। जिसे सुन आपका क्रोध भी शांत हो जाएगा।

पहले कहानी में ये कहते हैं की, मान लीजिये की आप एक ट्रेन में बैठे हैं यात्रा कर रहे हैं। आपके सामने एक बुजुर्ग दंपत्ति बैठे हैं और उनके साथ दो बच्चे हैं जिनकी उम्र आठ या दस साल होगी। लेकिन ट्रेन में वो खेलते समय बहुत शोर शराबा कर रहे हैं। सभी यात्री परेशान हो रहे हैं और आप स्वयं भी परेशान हैं। लेकिन वो बुजुर्ग दंपत्ति एकदम शांत बैठे है और उन बच्चो को कुछ बोल नहीं रहे हैं। आप उस समय क्या करेंगे?

दूसरी कहानी में ये कहते हैं की कल सुबह किसी व्यक्ति के साथ आपकी एक ज़रूरी मीटिंग होनी हैं और आपका एक मित्र भी आपके साथ जानेवाला हैं। सुबह नौ बजे का समय निश्चित कर लिया जाता हैं। लेकिन आप देखते हैं की आपका मित्र नौ बजे नहीं आया बल्कि वो दस बजे आया। इस दौरान वो आपका फ़ोन भी नहीं उठा रहा था क्यूंकि उसका फ़ोन बंद था। उस मित्र की दाढ़ी बड़ी हैं। बाल अस्त-व्यस्त हैं। कपड़े भी गंदे हैं। ऐसे में मीटिंग करना एकदम गलत हैं। आप क्या करेंगे ?

तीसरी कहानी ये हैं की आपको मेडिकल से कुछ दवाई लेनी हैं। बाहर तेज़ बारिश हो रही हैं और आप कार से चले जाते हैं। आप मेडिकल पर जैसे ही पहुंचकर अपनी कार पार्क करना चाहते हैं ठीक उसी वक्त एक कार आती हैं और जिस जगह पर आप कार पार्क करने जा रहे थे उस जगह पर उस व्यक्ति ने अपनी कार पार्क कर दी। कार से निकलकर वो व्यक्ति आपकी तरफ देखता तक नहीं हैं। आप कार थोड़ी दूर पार्क करते हैं अपना छाता निकालते हैं और मेडिकल की तरफ चल पड़ते हैं। वहा पहुंचकर देखते हैं की कार वाला व्यक्ति मेडिकल से निकलकर वापस जा रहा होता हैं। ऐसे में आप क्या करेंगे?

अब इन तीनो ही कहानियों में आपका गुस्सा आना तय हैं लेकिन ज़रा रुकियें पूरी कहानी सुन लीजिये।

पहली कहानी में आप क्रोधित हैं और उन बच्चों के दादा-दादी से कुछ बोलने ही वाले होते हैं उसके पहले ही वो आपको एक सच बताते हैं की उनके बेटे और बहु की एक कार दुर्घटना में मौत हो गयी हैं। वो लोग अंतिम संस्कार कर शहर जा रहे हैं। ये दोनों उन्ही के बच्चे हैं। अब आप क्या कहेंगे ? क्या आप क्रोध करेंगे ?

दूसरी कहानी में आप आपने मित्र से नाराज़ हैं आप उसे अपनी नाराजगी जताने ही वाले होते हैं की वो कहता हैं कल रात उसके पिता को हार्ट अटैक आया। पूरी रात वो हॉस्पिटल में था और घर जाने का अवसर नहीं मिला। मोबाइल फ़ोन की बैटरी भी उतर गयी थीं। मीटिंग ज़रूरी थीं इसलिए हॉस्पिटल से वो सीधे आपके पास आया। अब आप क्या कहोगे ? क्या आप क्रोध करेंगे ?

तीसरी कहानी में जब आप उस कार वाले को मेडिकल से जाता हुआ देखते हैं तो मेडिकल वाला आपको बताता हैं की उसके पिता को पैरालिसिस का अटैक आया था। उसके लिए एमरजेंसी दवाएं लेने आया था और बहुत जल्दबाजी में था। अब आप क्या कहेंगे ? क्या आप क्रोध करेंगे ?

किसी पर भी नाराज़ होने से पहले या उसके प्रति नकारात्मक विचार लाने से पहले उसके पीछे की कहानी को समझ लीजिये तो आपको कभी क्रोध नहीं आएगा।

12

कांतिमान (अच्छा व्यक्तित्व)

मैं हमेशा खुश रहता हूँ, मैं हमेशा सरलता से आगे बढ़ता रहता हूँ, मैं हमेशा प्रोत्साहित रहता हूँ, यही मेरा व्यक्तित्व है।

जब हम कहते हैं की इस व्यक्ति का "अच्छा व्यक्तित्व" हैं। इसका क्या अर्थ होता हैं ? वो व्यक्ति जिसे देखकर आप उस पर मोहित हो जाओ। जिसके व्यक्तित्व से एक सकारात्मक ऊर्जा निकलती हो। एक अच्छे व्यक्तित्व वाले व्यक्ति के लिए उसकी शारीरिक बनावट के अतिरिक्त उसके आंतरिक भावनाएं, उनकी सोच, उनकी मानसिकता, चिंतन शक्ति, सामाजिकता, व्यवहार, आत्मविश्वास, आत्मनिर्भरता, प्रभुत्व भावना जैसे महत्वपूर्ण लक्षणों को भी देखा जाता है आंतरिक एवं बाहरी रूपों से ही व्यक्तित्व का निर्माण होता है और वह एक अच्छे व्यक्तित्व वाले इंसान बन जाता हैं। एक व्यक्ति में अच्छे एवं बुरे दोनों ही गुण होते हैं व्यक्ति के इन गुणों के आधार पर उस व्यक्ति के व्यक्तित्व के बारे में बताया जाता है।

अगर कोई पूछे की प्रभु श्री राम का व्यक्तित्व कैसा था ? तो आप के पास शब्द कम पड़ जायेंगे लेकिन श्री राम के व्यक्तित्व के बारे में आप पूरी तरह से बात नहीं कर सकते हैं। मानवता का सर्वोच्च आदर्श है श्री राम। आपको कहीं और जाने, और समझने की अथवा कुछ पढ़ने की

आवश्यकता ही नहीं हैं। आप दुनिया के एक कोने से दूसरे कोने में चले जाईयें श्री राम जैसा आदर्श, उनके जैसा व्यक्तित्व आपको कही और नहीं मिलेगा।

अपने कर्म पथ पर चलते हुए भी श्री राम का एकाग्र और उनका संयम डगमगाया नहीं। उनके जीवन में हर तरह की विषम परिस्थिति आती रही, लेकिन वो हर मुश्किल को प्यार से गले लगाकर दूर करते रहे और बढ़ते रहे। श्री राम का जीवन यह सिखलाता है की दुःख किस इंसान के जीवन में नहीं हैं। उतार-चढ़ाव तो जीवन का हिंसा हैं। इस बात से घबराना क्यों हैं। आपका संकल्प मजबूत है तो आप हर चुनौती का सामना कर सकते हैं।

जीवन का संतुलन सीखना हैं तो श्री राम से सीखो। किस तरह से शांत रहकर, विषम परिस्थिति को अपने ऊपर हावी ना होने देकर, मुस्कुराते हुए अपने जीवन को संतुलित रखा। संतुलित व्यक्तित्व के धनी हैं श्री राम। अगर आपका कोई विरोधी हैं तो आप उसे घृणा भरी नज़र से देखते हैं लेकिन श्री राम ऐसे नहीं। लक्ष्मण को उन्होंने कई बार ये कहा "भले ही रावण हमारा शत्रु हैं लेकिन उस पर माँ सरस्वती की कृपा हैं, वह ज्ञानी हैं इसलिए उसके साथ हमें सम्मान से पेश आना चाहिए। श्री राम अपने कर्तव्य मार्ग से कभी विचलित नहीं हुए और ऐसा उन्होंने किसी को करने भी नहीं दिया।

श्री रामचरितमानस में एक प्रचलित दोहा है, जो श्रीराम के व्यक्तित्व की विराटता का प्रतीक है-

'पुरुष, नपुंसक, नारी वा जीव चराचर कोई सर्व भाव भज कपट तजि मोहि परम प्रिय सोई'

प्रभु श्रीराम की कृपा चाहिए तो अपने मन को नकारात्मक भावों से मुक्त करना होगा। छल-कपट से इसे खाली कर प्रेम भाव भरना होगा। इस दोहे के माध्यम से प्रभु श्रीराम ने कहा है, 'मुझे वह जीव प्रिय है जो सारे कपट भूलकर मुझे मानता है, मेरा भजन करता है। वह चाहे पुरुष हो, नपुंसक, नारी या ब्रह्मांड का कोई भी जीव हो। प्रभु श्रीराम यही कहना चाहते हैं कि जिनका पवित्र और प्रेम भरा मन है, वे मुझे यानी प्रभु श्रीराम-सा चरित्र पा सकते हैं। उनकी तरह जीवन के तमाम संकट-

बाधाओं पर विजय प्राप्त कर सकते हैं।

अब इसका अनुकरण हमें स्वयं के भीतर करना चाहिए की क्या हम ऐसा कर पाते हैं! अगर हम ऐसा नहीं कर सकते हैं तो श्री राम जैसा व्यक्तित्व कहा से प्राप्त कर सकेंगे ? अपने वचन के लिए श्री राम ने बड़े से बड़ा त्याग किया, क्या आप इस तरह का त्याग करने के लिए सक्षम है अथवा इस दिशा में कदम उठा सकते हैं ?

आप जीवन में सफलता प्राप्त करना चाहते हैं जिसके लिए स्वयं के भीतर विश्वास का होना आवश्यक होता हैं। जब तक आप स्वयं पर विश्वास नहीं करते तब तक आप किसी और को अपने कार्य के लिए विश्वास किस तरह से दिला सकेंगे।

जीवन में सफलता प्राप्त करने के लिए दृढ़ संकल्प की ज़रूरत होती है। श्री राम के पास रावण जैसी विशाल सेना नहीं थीं। हर प्रकार की सुविधा का आभाव था। इतना बड़ा समंदर पार करना भी सरल नहीं था। लेकिन उसी समंदर पर सेतु बांधकर श्री राम ने लंका में प्रवेश किया। राम ने रावण पर अपने दृढ़ संकल्प की बदौलत ही जीत हासिल की। अगर आपके भीतर पर किसी कार्य के लिए दृढ़ संकल्प हैं तो आप भी सफलता प्राप्त कर सकते हैं।

एक ऐसे युवा जिन्हे राजा बनना था लेकिन वनवास मिल गय। लेकिन श्री राम तनिक भी विचलित नहीं हुए, बल्कि उस समय विलाप कर रहे मां, भाई और समाज के लोगों में भी अपने निर्णय पर अटल रहने की प्रेरणा जगा दी। क्या आप इस तरह के कठिन से कठिन मुश्किल के सामने डंटकर खड़े रह सकते हैं क्यूंकि आपने स्वयं से अपने कार्य में सफल होने का दृढ संकल्प लिया हैं।

आपका लक्ष्य क्या है, यह पता होना चाहिए। बहुत से लोग ऐसे हैं जिन्हें उनके जीवन का लक्ष्य ही नहीं पता होता हैं बस चले जा रहे हैं। उनका जीवन कोल्हू के बैल सामान हो गया है। पहुंचना तो चाहते हैं लेकिन जीवन का कोई लक्ष्य नहीं हैं। वो तमाम तरह की बातों से भ्रमित हैं। सफलता पानी हैं तो अपने अंदर चल रहे भ्रम को दूर कीजिये।

आप किस तरह के इंसान से मिलना पसंद करते हैं जो गाली देता हो। अनुचित भाषा का प्रयोग करता हो। या फिर एक ऐसा इंसान जो आपसे

मिलते हैं इतना खुश दिखे की आपके बिना उसके जीवन में कुछ नहीं हैं। आप उस व्यक्ति के लिए अमूल्य हैं। एक मुस्कुराहट से उसने आपका दिल जीत लिया। श्री राम हर किसी का स्वागत मुस्कुरा कर करते और उसे तुरंत अपना बना लेते। कोई भला-बुरा आकर कह जाए तो उसे गौर से सुनते और बड़ी सरलता से हंसते हुए उसकी गलतफहमी दूर कर देते। उनके साथ किसी ने कितना बुरा बर्ताव किया इस बात को वो याद नहीं रखते थे सबके प्रति प्रेम भाव रखा और कर्म पथ पर अडिग रहे।

लेकिन हम तो हर चीज़ को याद रखते हैं की फलाना व्यक्ति ने मेरे साथ इस तरह का बुरा बर्ताव किया। अगली बार मैं भी उसके साथ वही बर्ताव करूंगा। उसकी हिम्मत कैसे हो गयी की वो मुझे नज़रअंदाज़ कर सकता हैं? क्या वो जानता नहीं हैं की मैं कौन हूँ ? ऐसी तमाम बातें सिर्फ आपको ही चोंट करती हैं। सामने वाले ने आपके साथ बुरा बर्ताव किया और करने के बाद वो भूल गया लेकिन आपने उस बुरे बर्ताव को याद रखा। अब यही बात आपको आगे नहीं बढ़ने दे रही हैं। अगर आप हर चीज़ पर इतना सोचेंगे तो जीवन में आप जिस कार्य के लिए आएं हैं वो प्राप्त कैसे करेंगे ?

आपको महान नहीं बनना हैं और ना ही अपनी महानता को किसी के सामने साबित करना हैं। आप बस अपना कर्म करते रहो। जितना हो सके अपने भीतर सुधार करते रहे। ध्यान देते रहे की आपके अपने व्यक्तित्व में कितना सुधार आया हैं। जब आप हर तरह से अपने भीतर सुधार कर सकेंगे तो निश्चित ही आप सफलता के हकदार हैं।

श्री राम ऐसे ही मर्यादा पुरुषोत्तम नहीं कहे जाते हैं। वो अपनी सीमाओं में रहना जानते थे। श्री राम अपनी नैतिक जिम्मेदारियों और अपनी सीमाओं का सम्मान करते हुए, नियमों का पालन करते हुए अपने कर्म पथ पर अग्रसर थे। तमाम उतार-चढ़ाव आ जाएं पर आप अपने पथ पर आगे बढ़ते रहे यही श्रेष्ठ है, न कि बुराई के आगे समर्पण कर देना।

किसी व्यक्ति का व्यक्तित्व उसी तरह हैं, जैसे एक फूल के लिया उसका सुगंध हैं।

- चार्ल्स एम् स्च्वाब

अच्छे व्यक्तित्व का क्या फ़ायदा होता हैं वो आप इस कहानी से समझ लीजिये। कहानी अमेरिका के फिलेडेल्फिया की है। एक रोज़ बहुत ही घनी अँधेरी रात में बहुत तेज बारिश हो रही थी। एक बुजुर्ग पति-पत्नी बारिश से बचने के लिए किसी होटल में एक कमरा ढूँढ़ रहे थे। रात बहुत हो चुकी थी। और बाहर हालत कोई ख़ास अच्छी नहीं थी। ऐसे में वे एक होटल में जब गए तो बूढ़े आदमी ने कहा, "क्या हमें एक कमरा मिल सकता हैं?" मैनेजर ने जब उन्हें भीगा हुआ देख तो उसे बुरा लगा। उसने कहा "माफ़ कीजिये सर, हमारे होटल में एक मीटिंग हैं जिसके चलते सारे कमरे उस मीटिंग में आये लोगों ने ले लिए है।"

लेकिन मैनेजर इस बजट को जानता था कि आसपास कोई और होटल नहीं है। इस समय इन्हें बाहर भेजना सुरक्षित नहीं होगा।ये मानवता के खिलाफ भी हैं। उसने आग्रह किया कि वे लोग उसके अपने कमरे में ठहर जाए। कमरा ज्यादा बड़ा तो नहीं है। पर आप लोग आराम से सुबह तक वहाँ रह सकते है।

बूढ़े पति-पति को पहले तो थोड़ी झिझक हुई। पर जब नौजवान मैनेजर ने उनसे कहा की आप मेरी चिंता मत कीजिये। मैं यहाँ ठीक हूँ। मुझे कोई दिक्कत नहीं होगी। तो फिर वे मान गए और फिर उसने उन्हें अपना कमरा दे दिया।

जब सुबह हुई. और जाते वक़्त बूढ़े आदमी ने पेमेंट किया तो उसने उस मैनेजर से कहा, "तुम इस छोटे से होटल को चलाते हो पर फिर भी हमारी खातिर तुमने इतनी उदारता दिखाई। तुम बहुत ही अच्छे इंसान हो। तुम्हे तो एक बहुत ही बड़े और आलीशान होटल का मैनेजर होना चाहिए। शायद। मैं तुम्हारे लिए ऐसा एक होटल बनवाऊं?

उनकी बातें सुनकर मैनेजर के चेहरे पर मुस्कराहट आ गयी। फिर उसने उन दोनों को विदा किया। इस बात को कुछ वर्ष बीत गए। मैनेजर तो उस कहानी को भूल भी चुका था।

फिर एक दिन उसे एक चिट्टी मिली। जिसमे उस रात का जिक्र था। उस बूढ़े दंपति ने उस मैनेजर को न्यू यॉर्क में आमंत्रित किया था।

जब मैनेजर वहाँ गया। और उन दोनों से फिर से मिला। तो उसे बहुत ही ख़ुशी हुई। फिर उस मैनेजर को लेकर वो बूढ़े व्यक्ति एक बड़ी सी

आलिशान बिल्डिंग के सामने ले गए। जो अभी नयी नयी बनी थी। और उससे कहा, "ये देखो ये वो होटल है जो मैंने तुम्हारे लिए बनाया हैं।"

मैनेजर हैरानी से उन्हें देखने लगा, और कहा "क्या आप मजाक कर रहे है।"

नहीं मैं मजाक नहीं कर रहा हूँ", उस व्यक्ति ने एक मुस्कान के साथ कहा।

वो होटल न्यू यॉर्क का मशहूर Waldorf-Astoria Hotel था। और वो व्यक्ति अपने समय के अमेरिका के सबसे अमीर लोगों में से एक William Waldorf-Aster the. और वो Manager George C. Boldt थे। जो उस आलिशान और दुनिया के सबसे बेहतरीन होटल में शुमार Waldorf-Astoria Hotel के पहले Manager बने।

कहानी का आशय सीधा सा है। हमारी अच्छाई से दूसरों के साथ हमारा भी फायदा ही होता है। और ये कहाँ तक ले जाए. इसका अंदाज़ा भी हम नहीं लगा सकते।

13

वीर्यवान (स्वस्थ्य, संयमी और हष्ट-पुष्ट)

जिस मनुष्य के पास स्वास्थ्य नहीं तो समझो उसके पास सब कुछ होने पर भी कुछ नहीं।

आप जीवन में सफल होना चाहते है। इसके लिए आप कड़ी मेहनत, धैर्य, लगन, आपका अपने कार्य में सौ प्रतिशत देना सब कुछ करते हैं। लेकिन बहुत से ऐसे लोग हैं जो सफल तो बन जाते हैं लेकिन जब सफलता का स्वाद चखने का सही समय आता हैं तब जीवन का आनंद लेने का अवसर खो देते हैं। जानते हैं क्यों? क्यूंकि उन लोगो ने सफल होने के लिए अपने जीवन में सब कुछ किया, बस अपने शरीर को स्वस्थ नहीं रखा। जिसका नतीजा ये हुआ की आज वो बिस्तर पर पड़े हैं और अपने जीवन को कोसते नज़र आ रहे है।

जिस तरह से सफलता ज़रूरी हैं उसी तरह से आपका स्वास्थ भी ज़रूरी हैं। स्वास्थ आपके जीवन का अमूल्य खज़ाना है। अधिकतर लोग इस ख़ज़ाने से वंचित रह जाते हैं क्यूंकि वो अपनी तरफ ध्यान नहीं देते हैं। कहावत भी है 'पहला सुख निरोगी काया'। कोई आदमी तभी अपने जीवन का पूरा आनंद उठा सकता है, जब वह शारीरिक और मानसिक रूप से स्वस्थ रहे।

ऋषियों ने कहा है 'शरीर मादय खलु धर्मसाधनम्' अर्थात यह शरीर ही धर्म का श्रेष्ठ साधन है। यदि हम धर्म में विश्वास रखते हैं और स्वयं को धार्मिक कहते हैं तो अपने शरीर को स्वस्थ रखना हमारा पहला कर्तव्य है।

आखिर ये स्वास्थ हैं क्या? जिसे लेकर बहुत से लोग उसे नज़रअंदाज़ कर देते हैं। स्वास्थ का अर्थ होता हैं जिसमे कोई विकार न हो, जो निरोगी हो उसे है स्वस्थ कहते है।

स्वस्थ का मतलब होता है : स्व + अस्थ। जो अपने "आप" में टिका हुआ है। जो मैं हूँ। जैसा मैं हूँ। जितना मैं हूँ। यदि मुझे अपनी इन सीमाओं का ध्यान बना हुआ है - तो मैं 'स्वस्थ' हूँ। यदि इन सीमाओं का उल्लंघन किया है तो हम आम भाषा में कहते हैं। आपे से बाहर है। ऐसा आदमी ही अस्वस्थ कहलाता है।

स्वास्थ्य चार प्रकार के होते है।

1- शारीरिक स्वास्थ्य 2- मानसिक स्वास्थ्य 3- सामाजिक स्वास्थ्य ४-आध्यात्मिक स्वास्थ्य

व्यक्ति एक सामाजिक प्राणी है और उसे अपने शारीरिक स्वास्थ्य के साथ साथ मानसिक स्वास्थ्य का भी ध्यान रखना चाहिए और अपने व्यवहार से समाज में अपनी प्रतिष्ठा एवं मान सम्मान को बनाए रखने की जिम्मेदारी भी व्यक्ति की स्वयं होती है। एक व्यवहार कुशल व्यक्ति सामाजिक स्वास्थ्य के प्रति भी अच्छी भूमिका व जिम्मेदारी बख़ूबी निभाना जानता है।

अगर आप जीवन में सफल होना चाहते हैं। तो सफल होने के लिए आपका मानसिक तौर पर मजबूत होना भी जरूरी है पर अगर आपका शरीर साथ नहीं देगा तो आप सफलता तक पहुंच नहीं पाएंगे। आपके अच्छे शारीरिक स्वास्थ के लिए आपके मानसिक स्वास्थ का बेहतर होना जरूरी है। आपको रोजाना कम से कम एक घंटा कसरत और मेडिटेशन को देना चाहिए। स्वास्थ शरीर और स्वास्थ मन के साथ ही आप सफलता को प्राप्त कर सकते हैं।

किसी भी कार्य को करने के लिए आपको स्टेमिना की आवश्यकता होती हैं। अगर आप मानसिक तौर पर स्वस्थ हैं तो आपके पास स्टेमिना

की कमी नहीं होगी। वही लोग डर, अनिंद्रा, अशांति, एंग्जायटी इत्यादि का शिकार बन जाते हैं जिनके भीतर स्टेमिना की कमी होती हैं। स्टेमिना बढ़ाने के लिए आपको हर रोज़ कुछ देर स्वयं से बात करनी चाहिए। अपने मनपसन्द कार्य को करना चाहिए। इन सभी से आपके मन को शांति मिल सकती हैं।

जो लोग मानसिक तौर पर मजबूत नहीं होते उनमें खुद के प्रति आत्मविश्वास की कमी होती है। आपको रोजाना खुद का आत्मविश्वास बढ़ाने के लिए अपने अच्छे और बुरे फैसलों पर विचार करना चाहिए और उसे सुधारने से आपका मानसिक स्वास्थ बेहतर होगा और आप खुद को लेकर आत्मविश्वास महसूस करेंगे।

इंसान दिन रात काम, पैसा नाम शोहरत पाने के चक्कर में कितनी सारी बिमारियों के चंगुल में फंस जाता है। तनाव, मधुमेह, उच्च रक्तचाप आदि इसी चक्कर में ज्यादातर लोगो को होता है। परन्तु असली दौलत जो हमारे पास है हम उसकी इज्जत करना ही छोड़ देते है और जब तक हमे अहसास होता है तब तक हम कई सारी बीमारियों के चक्कर में पड़ चुके होते है। फिर पूरा जीवन हमें पछताना पड़ता हैं।

एक कहानी ऐसी ही हैं। एक राजा था। युद्ध लड़कर उसने कई देश जीत लिए थे। लेकिन एक समय ऐसा आया की वह बिस्तर पर पड़ गया। अब उसकी ज़िंदगी का अंतिम क्षण किसी भी वक्त आ सकता था। उस राजा की अपने अंतिम पल में एक ही इच्छा थीं की वह दूर देश में बैठी उसकी माँ से मिल सकें। इसके लिए राजा ने अपने चिकित्सको से कहा की "ऐसी कोई व्यवस्था करो ताकि मैं अंतिम क्षणों में अपनी माँ से मिल सकूँ। जिसने मुझे ये जीवन दिया हैं। एक बार उसे देख सकूँ।

अब राजा का देश बहुत दूर था। इतना दूर की पहुंचने में एक सप्ताह से अधिक का समय लग जाता। राजा के सिपाही, चिकित्सक इन सभी के पास कोई उत्तर नहीं था। राजा ने कहा की जो मुझे मेरी माँ से मिलवा सकेगा उसे अपना आधा राज्य दे दूंगा। लेकिन किसी की तरफ से कोई जवाब नहीं आया। क्यूंकि ये एक असंभव कार्य था। राजा ने फिर कहा की मेरा पूरा राज्य ले लो। मेरी सारी धन-दौलत ले लो, लेकिन मुझे मेरी माँ से मिलवा दो। लेकिन फिर भी किसी के पास कोई जवाब नहीं था।

राजा अपने अंतिम समय में बस यही बात सोचता रह गया की जिस साम्राज्य के लिए पूरा जीवन वो युद्ध करता रहा। उस साम्राज्य को पूरा देकर भी अपने लिए वह एक साँस का प्रबंध नहीं कर सका। ये जीवन किस काम का हैं?

ठीक इसी तरह बहुत से ऐसे लोग हैं जो पूरा जीवन सफलता, धन-दौलत के पीछे भागते रहते हैं लेकिन अपने स्वास्थ पर ध्यान नहीं देते हैं। आपकी ज़िंदगी में जितना ज़रूरी सफल होना हैं उतना ही अधिक आपका निरोगी रहना भी हैं। अन्यथा सफलता का आनंद नहीं ले पाने का दुःख जीवन भर रहेगा।

14

युद्ध में जिसके क्रोधित होने पर देवता भी डरें
(जागरूक, जोशीला, गलत बातों का विरोधी)

बदलाव का पहला कदम जागरूकता हैं और दूसरा कदम उसे स्वीकार करना है।

एक शब्द हमें बार बार सुनने में आता हैं की जीवन में आगे बढ़ना हैं तो जागरूक रहना चाहिए। मतलब किसी भी चीज़ को लेकर उसकी सही जानकारी होनी चाहिए। आपको सचेत रहना चाहिए। बहुत से लोग अपने जीवन में अपने कार्य के प्रति सच्चे रहते हैं लेकिन सचेत नहीं रहते हैं। जिसके चलते उन्हें नुकसान उठाना पड़ता हैं। कुछ लोग जोशीले भी होते हैं लेकिन गलत बात का विरोध नहीं करते हैं जिसने जो बोल दिया बस उसी को मान लिया। उस पर अधिक ध्यान नहीं देते हैं।

जिसका नतीजा ये होता हैं की सामने वाले ने आपसे जो बोल दिया आपने उसी बात को सच मान लिया। अब उसने सही बात बोली या गलत। आपने उस बात के पीछे का सच जानने की कोशिश तक नहीं की। क्यूंकि आपके भीतर उस बात को लेकर जागरूकता नहीं हैं। आपके भीतर जोश तो हैं लेकिन जागरूक नहीं हैं। कई ऐसे लोग होते हैं जिन्हे पता होता हैं की सामने वाला गलत बात कह रहा हैं। इस बात से उनका नुकसान तक हो सकता हैं। यानी वो लोग जोशीले भी हैं। जागरूक भी हैं

लेकिन गलत बात का विरोध नहीं कर पाते।

अब लोग गलत बात का विरोध क्यों नहीं कर पाते हैं। इसकी वजह ऐसी होती हैं की वो सामने वाले का दिल रखने के लिए की उसको बुरा ना लग जाएं। भाई, ऐसे तो आप सफलता प्राप्त नहीं कर सकते हैं। फिर तो आपको हर कोई मुर्ख बनाकर निकल सकता हैं। कलयुग में लोग सामने वाले का भला कम करने की सोचते हैं और बुरा अधिक।

"जो शिक्षित हैं वही जागरूक हैं और जो जागरूक हैं वही सफल हैं।"

आपके अच्छे विचार ही आपको महान बनाते हैं। शिक्षा, सत्संग, बुद्धिमान लोगो से रिश्ता, अच्छी किताबें यही से इंसान को अच्छे विचार आते हैं। यही विचार आपको जागरूक और ऊर्जावान बनाते हैं। देखियें सीखना तभी सार्थक होता है जब आप असल की जिन्दगी में उस पर अमल करते हैं। बदलाव का पहला कदम जागरूकता हैं और दूसरा कदम उसे स्वीकार करना है।

जागरूक व्यक्ति ईमानदारी से अपना जीवन व्यतीत करता हैं जिसके कारण उसके जीवन में सफलता, ख़ुशी और शन्ति होती है। आप ख़ुद को जितना अधिक जागरूक बनायेंगे, आप उतना अधिक सफ़लता पायेंगे। जागरूकता के अभाव के कारण, व्यक्ति पर दिखावा इस तरह हावी हो रहा है कि वह मेहनत की कमाई को फ़िज़ूल खर्च में उड़ा देता है। जागरूक बनिये। समय और पैसे के महत्व को समझिये तभी आपका महत्व बना रहेगा।

अगर आप जागरूक बन गए हैं तो आपके भीतर जोश का होना भी ज़रूरी हैं। बिना जोश के इंसान सिर्फ ज़िंदा लाश की तरह होता हैं। उसे आप धक्के देते रहियें वह टस से मस नहीं होगा। जिसे सफल होना हैं उसके भीतर जोश का होना उतना ही ज़रूरी है जितना शरीर के भीतर आत्मा का।

"हमारे खून में तूफ़ान है, टकरा कर देख लेना जिसे भी गुमान है।"

देखो नदी नालों में तो हर कोई तैर लेता है लेकिन समुद्र से वही टकराता है जिसमें दम होता है। लोग सफल तो होना चाहते हैं। कुछ करना भी चाहते हैं। लेकिन जोश ना हो तो आप बस सफलता का मज़ा बस अपने दिमाग में ही लेकर घुमते रहियें। क्यूंकि बहुत से लोग

असफलता से डरते हैं और असफलता से डरोगे तो कभी सफल नहीं हो पाओगे, उड़ना तो दूर तुम दो पैरों से चल भी नहीं पाओगे।

आपको अपने भीतर की शक्ति को पहचानना ही होगा। आपका रक्त जो ठंडा पड़ चुका हैं उसमें उबाल लाना ही होगा। आपकी आवाज़ सफलता की इस भीड़ में दब ना जाएं इसलिए शेर बनकर अब आपको दहाड़ना ही होगा। आप चुनाव के वक्त देखते हैं ना की नेता किस तरह से जोशीला भाषण देकर जनता को अपने तरफ कर लेता हैं। कैसे युद्ध के समय एक जोशीला नारा पूरा युद्ध पलट देता हैं। ये जोश की आग हैं अगर बुझ गयी तो लोग पानी डालकर चले जायेंगे। आपका जोश तो ऐसा होना चाहिए की अगर आपके सामने शेर भी आ जाएं तो आप बिना डरे उससे लड़ जाएं।

एक साधारण सी बात हैं की जोश की ताकत के समक्ष तो बड़े से बड़े तूफ़ान को भी झुकना पड़ता हैं तुम नदी और नालो की चिंता करते हो। प्रभु श्री राम ने तो समंदर पर इतना विशाल सेतु बाँध दिया जो आज भी लोगो के लिए एक असंभव कार्य लगता हैं।

आपका जोश ऐसा होना चाहिए की बड़ी से बड़ी मुसीबत भी घुटने टेक दें। आपने कभी किसी जोशीले इंसान को करीब से देखा हैं वो जब निश्चय कर लेता हैं तो उसके आगे हार भी हार मान लेती हैं। ऐसे कई मल्टी लेवल मार्केटिंग वाली कंपनियां हैं जो मंच पर ऐसे मोटिवेशनल स्पीकर को लेकर आती हैं जिनके जोशीले भाषण सुनकर, एक निर्धन इंसान भी खुद को करोड़पति समझने लगता हैं और महंगी गाड़ियों के सपने देखने लगता हैं जबकि असलियत ये होती हैं की उस समय उसकी जेब में एक फूटी कौड़ी तक नहीं होती हैं।

ऐसे कई लोग हैं जिनके भीतर कुछ भी कर गुजरने का जोश नहीं होता हैं, ऐसे लोग एक दो हार से डर जाते हैं और सफलता का स्वाद कभी नहीं ले पाते हैं। जोशीला इंसान अफलताओं से कभी नहीं डरता हैं। उसके सामने आग का समंदर भी आ जाएं तो वो बिना डरे उसमें कूद जाएगा क्यूंकि वो बचने का मार्ग खोज ही लेगा। जिसके भीतर आत्मविश्वास नहीं होता हैं वो सिर्फ किनारे पर ही तैरता रहता हैं लेकिन जोशीला इंसान आत्मविश्वास से लबरेज रहता हैं। वो किनारे से तैरते हुए बीच सागर में

पहुंच कर कीर्तिमान स्थापित कर देता हैं।

अब आप सोचो आपके भीतर जागरूकता है। जोश भी हैं। लेकिन आप गलत बात का विरोध नहीं करते हैं तो आप सफल होकर भी असफल बन जाते हैं। गलत का विरोध खुलकर करो, इतिहास टकराने वालों का लिखा जाता है तलवे चाटने वालों का नहीं।

गलत का विरोध कर अधिक से अधिक क्या होगा। लोग आपका साथ छोड़ देंगे ना ? लेकिन आपके भीतर जो शक्ति हैं वो तो नहीं ले सकते हैं। क्यूंकि वक्त भी सिखाता है और टीचर भी। दोनों में फर्क सिर्फ इतना है कि टीचर सीखा कर इम्तिहान लेता है और वक्त इम्तिहान लेकर सिखाता है !

तो डरना किस बात से हैं। जो छोड़कर जाना चाहता हैं वो चला जाएं। क्या अपनी सफलता के पथ पर आप अकेले नहीं चल सकते हैं? गलत इंसान को अपनी सफलता का साथी बनाने से बेहतर हैं आप अकेले चले। घायल तो यहां हर एक परिंदा है मगर जो फिर से उड़ सका वही ज़िंदा है। जब सब साथ छोड़ दे तो निराश मत होना क्यूंकि ये वही लोग है जो तुम्हे अकेले चलना सिखाएंगे।

दुनिया में करीब करीब 99% लोगों को यही लगता है कि वो लोग जो कर रहे हैं वह सही है, न्याय संगत है, मजबूरी है, अथवा कोई अन्य तर्कपूर्ण बात उनके पास होती है। ऐसे लोगो के जीवन में कभी कोई महत्वपूर्ण बदलाव नहीं आता हैं। ऐसे लोग अपने जीवन की किसी भी घटना से कोई सबक नहीं सीखते।

शायद 1% लोगों को ही एहसास होता है कि मुझसे कुछ भूल हो रही है। ऐसे व्यक्ति के जीवन में परिवर्तन आरंभ हो जाता है। वे दिन प्रतिदिन अधिक सजग होते जाते हैं, जीवन जीने की कला में ज्यादा कुशल होते जाते हैं। ना केवल सांसारिक बल्कि आध्यात्मिक दृष्टिकोण से भी ऐसे लोग उन्नति करते हैं।

कई बार ऐसा भी होता हैं की आप गलत का विरोध नहीं कर पाते हैं। क्यूंकि हमारे भीतर हिम्मत नहीं होती हैं। हिम्मत इसलिए नहीं जुटा पाते क्योकि हम खुद को बेबस और लाचार समझते हैं। खुद को हम शक्तिहीन महसूस करते है, साथ ही हमे डर होता है कि हमे क्या पड़ी है,

कोई नुकसान ना पहुचा दें।

इसका हल है कि हम लोग खुद मे शक्ति जगाए। उसके लिए हमे खुद सही होना पड़ेगा। अगर आप सही है और स्वार्थी नही है तो विरोध कर पाएगे अन्यथा नही। भविष्य की चिंता ना करे की आगे क्या होगा। बस ग़लत है तों तुरंत आवाज़ उठायें। ग़लत करने वाले से अधिक दोषी होता है ग़लत सहने, छुपाने या दबाने वाला।

15

सभी प्राणियों का रक्षक (मददगार)

जो मनुष्य जगत की जितनी भलाई करेगा, उसको ईश्वर की व्यवस्था में उतना ही सुख प्राप्त होगा।- दयानन्द सरस्वती

प्रभु श्री राम केवल मानवजाति का ही कल्याण नहीं करते हैं बल्कि उनकी कृपा तो उस नन्ही गिलहरी पर भी हो जाती हैं जो सेतु निर्माण के समय अपने नन्हे से शरीर से एक बड़ा कार्य कर रही थी। अपने जीवन में सफल होने के लिए आपको केवल ताकतवर और बड़े लोगो का ही सहारा नहीं लेना होता हैं बल्कि हर उस व्यक्ति का योगदान अतुलनीय होता हैं जो अपनी सच्ची लगन से आपके कार्य को सफल बनाने में कोई कसर नहीं छोड़ता हैं और आपको उस व्यक्ति के योगदान को जीवनभर नहीं भूलना चाहिए।

जब श्री राम समुद्र पर पुल बनाने के लिए अपनी सेना के उत्साह, समर्पण और जुनून को देखते हैं तो उन्हें बहुत हर्ष होता हैं। लेकिन उनकी ख़ुशी उस समय और बढ़ जाती हैं जब एक नन्ही गिलहरी अपने मुंह से छोटे-छोटे कंकड़ उठाकर समुद्र में डाल रही थी । अब उसके इस तरह के प्रयास को करते हुए एक वानर देख रहा था । कुछ समय बाद वही वानर गिलहरी को देखकर उसका उपहास करता हैं। वानर कहता है, "हे! गिलहरी तुम इतनी छोटी-सी हो, समुद्र से दूर रहो। कहीं ऐसा न हो कि

तुम इन्हीं पत्थरों के नीचे दब जाओ." यह सुनकर अन्य वानर भी उस नन्ही गिलहरी का उपहास करने लगते है। गिलहरी यह सब सुनकर बहुत दुखी हो जाती है। श्री राम भी दूर से यह सब दृश्य देख रहे थे। गिलहरी की नजर जैसे ही श्री राम पर पड़ती है, वो रोते- रोते भगवान राम के समीप पहुंच जाती है।

अपना उपहास होता देख नन्ही गिलहरी श्री राम से सभी वानरों की शिकायत करती है, तब भगवान राम खड़े होते हैं और वानर सेना को दिखाते हैं और समझाते है कि गिलहरी ने जिन कंकड़ों व छोटे पत्थरों को फेंका था, वो कैसे बड़े पत्थरों को एक दूसरे से जोड़ने का काम कर रहे हैं. भगवान राम कहते हैं, "अगर गिलहरी इन कंकड़ों को नहीं डालती, तो तुम्हारे द्वारा फेंके गए सारे पत्थर इधर-उधर बिखरे रहते। ये गिलहरी के द्वारा फेंके गए पत्थर ही हैं, जो इन्हें आपस में जोड़े हुए हैं. पुल बनाने के लिए गिलहरी का योगदान भी वानर सेना के सदस्यों जैसा ही अमूल्य है।"

इतना सब कहकर श्री राम बड़े ही प्यार से गिलहरी को अपने हाथों से उठाते हैं। फिर, गिलहरी के कार्य की सराहना करते हुए श्री राम उसकी पीठ पर बड़े ही प्यार से हाथ फेरने लगते हैं। भगवान के हाथ फेरते ही गिलहरी के छोटे-से शरीर पर उनकी उंगलियों के निशान बन जाते है। तब से ही माना जाता है कि गिलहरियों के शरीर पर मौजूद सफेद धारियां कुछ और नहीं, बल्कि भगवान श्री राम की उंगलियों के निशान के रूप में मौजूद उनका आशीर्वाद है।

अब आप इस कहानी से यह शिक्षा प्राप्त कर सकते हैं की इस संसार में कोई भी व्यक्ति साधारण नहीं हैं। उसके पास भी कुछ ना कुछ प्रतिभा हैं जिसकी सहायता से आप सफलता के शिखर तक पहुंच सकते हैं। आपने देखा होगा की इस संसार का हर सफल उद्यमी कभी किसी से लड़ाई -झगड़ा नहीं करता हैं बल्कि किसी कारणवश क्रोध करनेवाले व्यक्ति को भी अपने दिमाग की तरह शांत कर देता हैं। उसका सीधा और सरल तरिका यह है की जब कोई क्रोधित हो तो आप उस समय चुप रहियें तुरंत ही उसे जवाब देने का विचार नहीं बनाये। क्यूंकि अवसर आपको भी प्राप्त होगा और जब आपका अवसर आएगा तब तक उस व्यक्ति का

क्रोध शांत हो चुका होगा। और अब वह आपकी हर बात को सुनने के लिए तैयार होगा। क्यूंकि उसके क्रोध के गुब्बारे की हवा निकल चुकी होती हैं।

सफल व्यक्ति कभी किसी कार्य में उलझता नहीं हैं बल्कि हर उलझे कार्य को सरलता और आत्मसंयम से सुलझा लेता हैं और उसकी यही ताकत उसे उसके हर कार्य में एक नया मार्ग भी प्रदान करती है। आपको रक्षक बनना हैं अर्थात मददगार बनना हैं। आपको उस व्यक्ति से स्पर्धा नहीं करनी हैं जो आपके स्तर का नहीं हैं। आप सफल तभी बन सकते हैं जब आप दूसरों की मदद करना शुरू कर देते हैं। दूसरों की मदद करना, इस कार्य में भी आप तभी सफल हो सकते हैं जब आपकी मदद करने की भावना निस्वार्थ हो।

अगर आप स्वार्थी हैं। अपने स्वयं को एक दायरे में बाँध कर रखा हैं की बस इसके आगे नहीं जाना हैं। किसी की मदद नहीं करना हैं तो आपकी सफलता का दायरा आपने स्वयं ही सिमित कर रखा हैं। आपने स्वयं को एक अहंकार के दायरे में बाँध रखा हैं। ना मुझे किसी की आवश्यकता है और ना ही मैं किसी की मदद करूंगा। जो स्वयं मुक्त नहीं हैं वह किसी और को क्या ही मुक्त करेगा ? अर्थात वह दूसरों की समस्याओं का समाधान कर ही नहीं सकता हैं।

सबसे बड़ी बात ये भी होती हैं की कई बार आपको लगता हैं की आप किसी की मदद कर रहे हैं लेकिन ये कार्य आप स्वयं नहीं करते हैं। ये कार्य ईश्वर आप से करवाना चाहता हैं क्यूंकि उसने आपके भीतर एक इंसान के रूप में कुछ ख़ास बात देखी हैं। इसलिए उसने आपको इस जीवन में सफल बनाया हैं। जब ईश्वर आपको इतना सक्षम बना सकता हैं तो आप भी किसी को उसके किसी कार्य में सक्षम बनाने का प्रयास करें। हमें दूसरों की मदद इसलिए भी करनी चाहिए क्यूंकि उन्हें मदद की जरूरत है। यदि आप मदद करने में सक्षम हैं, तो इसके लिए ईश्वर को धन्यवाद दीजिए कि उन्होंने आपको इतनी ताकत, दौलत या हिम्मत दी कि आप किसी की मदद कर सकें। आपको एक नेक कार्य के लिए चुना। फिर यह सोचना ही उचित नहीं कि हमें दूसरों की मदद क्यों करनी चाहिए? हां, मदद करते हुए इस बात का जरूर ध्यान रखें कि वह वास्तव में जरूरतमंद है कि नहीं।

अष्टादश पुराणेषु व्यासस्य वचनं द्वयम् ।
परोपकारः पुण्याय पापाय परपीडनम् ॥

अर्थात, अठारह पुराणों में व्यास जी ने केवल दो बात कही है, "दूसरे का उपकार करने से पुण्य मिलता है और दूसरे को पीड़ा देने से पाप।"

जब आप पुण्य कमाकर ईश्वर का आशीर्वाद प्राप्त कर सकते हैं जो आपको आपके जीवन में और सफल बनाएगा तो आप इस सुनहरे अवसर को गलती से भी छोड़ने का कार्य नहीं करें। वो अलग बात हैं की आपको सफल नहीं होना हैं तो दूसरों की मदद करने की जगह अगर आप उसे पीड़ा प्रदान कर रहे हैं तो आपके पास जो हैं वो भी चला जाएगा। बल्कि उसके दुःख आपको प्राप्त हो जायेंगे। जिसे आपने ठुकरा दिया और जिसकी मदद करने की जगह आपने उससे नफरत करनी शुरू कर दी। क्यूंकि इस ब्रह्मांड का एक सत्य है जो हर व्यक्ति को अवश्य ही पता होनी चाहिए। इस ब्रह्मांड में जो आप किसी और को देंगे वहा चीज़ लौटकर आपके पास आनेवाली हैं। मदद की जगह मदद और कष्ट की जगह दुगुना कष्ट।

जैसा आप का कर्म वैसा उसका फल। मदद करोगे तो मदद मिलेगी ! अपने लिए मदद चाहते हो तो दूसरों की मदद करना सीखो ।

सर्वप्रथम आप स्वयं की मदद कीजिये फिर स्वतः दूसरे को मदद मिल जायेगी। पहले अपने अंदर प्रेम, करुणा, ज्ञान का दीपक जलाइये फिर सभी स्वयं प्रकाशित हो जायेंगे। आपने देखा नहीं दीपक स्वयं जलता है यानी स्वयं प्रकाशित होता है फिर तो चारों ओर प्रकाश की किरणें फैल जाती हैं। दूसरे की मदद करके हम स्वयं को उससे श्रेष्ठ समझने की भूल करने लगते हैं, हमे लगता है मैं बड़ा हूँ। अपने ही अहंकार को हम पुष्ट करने लगते हैं और अहंकार सबसे बड़ा रोग और सबसे बड़ी बाधा है। दूसरी बात हम दूसरे की मदद करते ही इसलिए हैं कि दूसरे भी हमारी मदद करें। ये धर्म नहीं, ये तो व्यापार है।

जिस प्रकार का जीवन श्री राम जीना चाहते थे वैसा ही जीवन उन्होंने जीकर इस मानवजाति पर कृपा की। वही श्री कृष्ण जैसा जीवन हर कोई नहीं जी सकता हैं। श्री कृष्ण ने गीता का ज्ञान देकर मानव को इस संसार में किस तरह से जीना हैं वो सिखलाया। श्री राम ने गीता का ज्ञान नहीं

दिया बल्कि स्वयं के जीवन को ही उन्होंने गीता का उपदेशों की तरह जीकर दिखलाया। अपना जीवन एक तपस्वी की भाँती जिया। वहा जहाँ-जहाँ गए वहा उन्होंने तीन लोगो के लिए कुटिया बनाई। उस भयानक वन में भी उन्होंने हिंसक जानवरों और राक्षसों से हर किसी की रक्षा की।

वह चाहते तो अपने काम से काम ही मतलब रखते लेकिन उन्होंने सिखलाया की इस संसार में हर व्यक्ति अमूल्य हैं। उनके इसी कार्य के चलते ही लोग उनसे जुड़ते चले गए। तब जाकर रावण की लंका पर उन्होंने विजय प्राप्त की थीं। रावण को वह अकेले ही परास्त कर सकते थे लेकिन उन्होंने सिखलाया की टीम वर्क क्या होता हैं। आप हर कार्य अकेले नहीं कर सकते हैं। लेकिन श्री राम स्वयं विष्णु का अवतार होते हुए भी ये शिक्षा देते हैं की टीम वर्क कितना आवश्यक हैं। इसलिए आप दूसरों की नहीं बल्कि स्वयं की मदद करते है।

हम सभी के जीवन में सुख-दुख का आना-जाना लगा रहता है। कुछ लोगों के जीवन में अधिक समस्याएं होती हैं, ऐसी स्थिति में जो लोग समर्थ हैं, दूसरों की मदद कर सकते हैं, उन्हें जरूरतमंद लोगों की मदद अवश्य ही करनी चाहिए। एक छोटी सी मदद जरूरतमंद व्यक्ति के जीवन में बड़ा बदलाव कर सकती है। किसी की मदद करके देखो जो सकून और शांति आपको मिलेगी उसका कोई जवाब नही होगा। यदि आप दूसरे की मदद करने को अपना धर्म समझते हो तो निश्चित ही मानिये कि आपको एक सफल इंसान बनने से इस संसार की कोई शक्ति नही रोक सकती है। इस संसार में देनेवाला ही सबसे अधिक प्राप्त करता हैं। लोगो की सेवा करना इंसान का प्रथम और आखिरी संकल्प होना चाहिए।

16

प्रियदर्शन (खूबसूरत)

"जब लोग आपको "COPY" करने लगें तो समझ लेना जिंदगी में "SUCCESS" हो रहे हों."

श्री राम का एक गुण यह भी था की वो खूबसूरत थे। अब खूबसूरत होने के कई अर्थ हैं। खूबसूरती किसी मनुष्य के रूप-रंग में भी होती हैं और उसके व्यवहार में भी होती हैं। आपको एक सफल जीवन जीने के लिए आपके भीतर किस तरह की खूबूसरती होनी चाहिए वो जान लेना भी आवश्यक हैं। लेकिन उससे पहले श्री राम की खूबसूरती पर चर्चा करना भी आवश्यक हैं।

अब प्रत्यक्ष रूप से तो हमने श्री राम को नहीं देखा हैं लेकिन रामायण में वाल्मीकि जी ने भगवान श्री राम के मानव शरीर को जो वर्णन किया है, उसको पढ़कर आपके मन में बनी भगवान राम की छवि बिल्कुल साफ हो जाएगी। रामायण के अनुसार भगवान राम की लंबाई छह फीट के करीब थी।

भगवान राम को त्रिशीर्षवान के नाम से भी जाना जाता है। रामायण के अनुसार इसका मतलब सिर में तीन आवृत होता है। तीन लक्षणों से युक्त होना भी इसका अर्थ होता है। वाल्मीकि रामायण के अनुसार श्री राम के केश लंबे थे। भगवान श्री राम की सुंदरता को वाल्मीकि जी

ने शुभानन के रूप में प्रयुक्त किया है। श्री राम के मुख की कोमलता और सुंदरता को व्यक्त करने के लिए चेहरे की उपमा चंद्रज्योत्सना और बालचंद्र से गई है। श्री राम की कमल की तरह विशाल आंखें थी। आंखों के कोणों के ताम्र रंग को ताम्राक्ष और लोहिताश के रूप में व्यक्त किया गया है। भगवान श्री राम को महानासिका वाला भी कहा गया है। नासिका की महत्ता से अभिप्राय उन्नत और दीर्घ नासिका है। राम के कानों के लिए टीकारों ने चतुर्दशसमद्वन्द और दशवृहत् का प्रयोग किया है। जिसका अर्थ होता है कानों का सम और बड़ा होना। वहीं वाल्मीकि जी ने उनके कानों के लिए शुभ कुंडलों का प्रयोग किया था। भगवान राम के हाथ के अंगूठे में चारों वेदों की प्राप्तिसूचक रेखा थी, जिससे उन्हें चतुष्फल कहा जाता है। इनका उदर त्रिषुचोन्नत विशेषण के अनुसार उन्नत और त्रिवली विशेषण के अनुसार तीन रेखाओं से युक्त था। श्री राम के सम और कमल के समान चरणों के लिए टीकाकरों ने चतुर्दशसमद्वन्द्व और दशपदम विश्लेषण का प्रयोग किया था।

अब यह तो उनके शरीर का वर्णन था लेकिन उनकी खूबसूरती उनके दिखने में भी थीं अर्थात प्रियदर्शन। वह व्यक्ति जिसे देखकर ही वह प्रिय लगने लगे। श्री राम जिस किसी से मिलते वो उनका हो जाता था। एक तो उनका हर किसी से एक जैसा प्रेम वाला स्वभाव दूसरा उनका आकर्षक होना।

अब आप एक सामान्य मानव के जीवन को देखियें। क्या आप श्री राम जैसे दिख सकते हैं या उनके जैसा स्वभाव रख सकते हैं ? जवाब हैं बिलकुल नहीं। लेकिन आप उनके जैसा बनने का प्रयास तो कर ही सकते हैं। जैसा आजकल के युवा किसी अभिनेता को देखकर ही उसे अपना आदर्श मान लेते हैं। भले ही वह अभिनेता ड्रग्स का सेवन करता हो। व्यभिचार करता हो। पान मसाला का विज्ञापन कर अपने ही चाहनेवालो को उस चीज़ के लिए खाने को प्रेरित करता हो। यह जानते हुए की इसे खाने से वो व्यक्ति कैंसर का शिकार हो सकता हैं। जो अभिनेता सट्टा और जुवा खेलने को प्रेरित करता हो। भले ही आप आपने घर ही क्यों ना बेचकर बर्बाद हो जाएं।

कहने का तात्पर्य यह हैं की जब आप उस अभिनेता को अपना आदर्श मान सकते हैं जो सारे ही कार्य गलत करता हो। तो फिर आप श्री राम को अपना आदर्श क्यों नहीं मान सकते हैं ? अब इसमें आप चाहे किसी भी धर्म के क्यों ना हो। लेकिन हर अच्छी सीख, आप कहीं से भी सीख सकते हैं। वो कहते है ना की संगत का असर।

एक कहावत हैं "किसी भी मनुष्य की पहचान उसकी संगत से होती है।" अपने जीवन में जिन लोगों से हम मिलते जुलते है, जिनके बीच हमारा उठना बैठना होता है, जो हमारे आस-पास होते हैं उनकी संगत का असर हम पर होता हैं।

अब संगति पर ही एक लघु कथा सुन लीजिये। एक बार दो चोर रात में चोरी करने निकल पड़ते हैं। लेकिन रास्ते में चलते हुए एक चोर के पैर में कांटा चुभ जाता हैं जिस कारणवश वह आगे चलने में असमर्थ हो गया।

वहीं नगर के पास में ही उनसे कुछ दूरी पर किसी संत जी का सत्संग चल रहा था, तो यह देख पहला चोर उस सत्संग में जा बैठा और दूसरा चोर चोरी करने चला गया।

लेकिन उस दिन उस दुसरे चोर की किस्मत खराब थी। जहां पर वह चोरी करने गया उस जगह पुलिस ने उसे चोरी करते समय पकड़ लिया और हिरासत में ले लिया। लेकिन जो चोर सत्संग सुन रहा था उसे उस दिन सत्संग का संग करने या सुनने के कारण जेल जाने से बच गया।

संगति से मनुष्य जहां महान बनता है, वहीं बुरी संगति उसका पतन भी करती है। अच्छी संगति पारस के समान है। जिस प्रकार पारस के छूने से लोहा भी सोना बन जाता है, उसी प्रकार संगति के प्रभाव से दुष्ट व्यक्ति भी देवता समान बन जाता है, लेकिन यदि व्यक्ति को बुरी संगति मिलती है तो उसका जीवन नारकीय हो जाता है।

मनुष्य का जीवन अपने आस-पास के वातावरण से प्रभावित होता है। संगत का असर एक मनुष्य के भीतर सब कुछ बदल देता है। संगत अर्थात दोस्ती, मित्रता और साथ। संगत के कारण आपकी चाल ढाल, पहनावा, खान- पान, बात करने का तरीका, चरित्र आदि में बदलाव आ जाता है। हमारी संगत का जीवन में गहरा असर पड़ता है। इसलिए संगत

अच्छे लोगों का करना चाहिए। जिससे उनकी अच्छाई को हम ग्रहण कर सकें। कहते हैं कि खरबूजा खरबूजे को देखकर रंग बदलता है इस कहावत का अर्थ यह है कि संगत का असर हर किसी पर कम या अधिक होता है। लेकिन होता अवश्य हैं।

एक मनुष्य की शख़्सियत कई चीज़ों से मिलकर बनती है। ठीक वैसी जैस श्री राम के वो सोलह गुण जिसे मिलाकर वो मर्यादा पुरुषोत्तम श्री राम बनते हैं। अगर आपको अपने जीवन में सफल होना हो, सफल लोगों की संगत कर लो। आपको ज्ञानी बनना है, तो ज्ञानियों की संगत कर लो। आपको मूर्ख बनना हैं तो मूर्ख की संगत कर लीजिये, तो वह मूर्ख आपके ज्ञान को दीमक की तरह नष्ट करने लगता है। शास्त्रों में मूर्खों की संगति में रहने को मना किया गया है।

बसि कुसंग चाहत कुसल, यह रहीम अपसोस ।
महिमा घटी समुद्र की, रावन बसे परोस ॥

रहीम कहते हैं कि वे किसी भी बुरे संग के साथ नहीं बसना चाहते हैं, जैसे कि रावण समुद्र के किनारे बसे हुए हैं, और उनकी महिमा को घटाने में योगदान कर रहे हैं। आप की अच्छी संगत भी आपको खूबसूरत बनती हैं। इसलिए सफल होना हैं तो बुरे लोगों की संगत में बैठना छोड़ दीजिये।

संघर्ष करना ही सफलता ही कुंजी है। जीवन में सफलता हांसिल करने वाला व्यक्ति कभी भी किसी का इंतजार नहीं करता। उसे जो काम करना होता है इसके लिए यह किसी पर आश्रित नहीं होते हैं बल्कि खुद के दम पर सारी चीज करने की कोशिश करते हैं। यही कारण है कि जो व्यक्ति सफल होता है उसके कंधों पर सारे काम करने की जिम्मेदारी होती है, वह किसी के भरोसे नहीं होता। सफलता प्राप्त करने के लिए सबसे पहले आपको अपनी क्षमता पर भरोसा करना होगा. क्योंकि इसके बिना आप कुछ भी हासिल नहीं कर पाएंगे. आपकी क्षमता ही सफलता का पहला कदम है। यही आपकी अपनी खूबसूरती भी होती हैं।

वैसे कुछ लोग इस बात पर भी विश्वास करते हैं की कोई व्यक्ति खूबसूरत हैं तो वो अवश्य ही सफल होगा। लेकिन ऐसे कई महान लोग इस पूरी दुनिया में पैदा हुए जो दिखने में साधारण थे लेकिन सफलता हर पल उनके कदम चूमते रही। सफलता, सुंदरता की तरह, देखने वाले

की नज़र में होनी चाहिए। लेकिन अधिकतर लोग उस व्यक्ति की भी आलोचना और उपहास करते हैं जो दिखने में अधिक सुंदर नहीं है लेकिन वो सफल हैं। लेकिन अधिकतर लोग जो अपनी स्वयं की ज़िंदगी में असफल हैं किंतु जो व्यक्ति दिखने में सुंदर नहीं है लेकिन सफल है फिर भी वो उसका उपहास इसलिए करते हैं ताकि उसे नीचा दिखाया जा सकें।

कॉमेडियन जाकिर खान बॉडी शेमिंग के अपने अनुभवों को साझा करते हुए बताते हैं कि काफी दिनों तक उन्हें यह नसीहत मिलती रही कि लोगों की बातों पर ध्यान मत दो लेकिन लोगों की बातों से ज्यादा फर्क न पड़े, इसके लिए भी सफलता का एक स्तर हासिल करना जरूरी सा हो जाता है।

बॉडी शेमिंग का शिकार होने वाले लोगो को अक्सर यह भी नसीहत दी जाती है कि घटिया कमेंट करने वालों का मुंह अपनी कामयाबी से बंद कर दो। लेकिन ये हिदायत देते हुए हम अक्सर भूल जाते हैं कि भारत के सबसे मुश्किल पढ़ाई वाले बोर्ड में टॉप करने के बाद भी प्राची और भारत जैसे देश की राष्ट्रपति बनने के बाद भी द्रौपदी मुर्मू को बॉडी शेमिंग का शिकार होना पड़ता है।

बॉडी शेमिंग की वजह से लोगों को तरह-तरह के भेदभाव तो झेलने ही पड़ते हैं, इससे उनके मानसिक स्वास्थ्य पर भी इसका घातक असर हो सकता है। ऐसे वाकये भी हैं जब रूप-रंग के कारण कुछ लोगों को इस कदर बुरा और इनसिक्योर महसूस कराया गया कि उन्होंने आत्महत्या तक कर ली। इस तरह से तो आप खूबसूरत नहीं बन सकते है ना की आपके कारण किसी और की ज़िंदगी बर्बाद हो जाएं।

लेकिन हमारे प्रभु श्री राम तो ऐसे थे की उन्होंने हर किसी इंसान, जानवर, पशु और पक्षी का सम्मान किया। उनकी खूबसूरती उनके दिखने में भी थी और उनके व्यवहार में भी थीं। इसलिए आपको सफल होना है तो सफलता का एक पैमाना यह भी हैं की आप किसी भी इंसान के रूप-रंग से उसे जज ना करें, की ये दिखने में खूबसूरत नहीं हैं तो हमें इसके साथ ना मित्रता करनी हैं और ना किसी भी तरह का व्यापार। बल्कि आपकी खूबसूरती तो इस बात में होनी चाहिए की हर प्रतिभा का सम्मान करें। कब, कौन सा व्यक्ति आप की सफलता में किस तरह से

आपको फर्श से अर्श तक लेकर जाएगा ये स्वयं आपको भी नहीं पता होगा।

श्री राम के जीवन का सार

रामायण में प्रभु श्री राम, माता सीता और लक्ष्मण जी तीनों ने ही चौदह वर्षों तक विपरीत परिस्थितियों में भी संयम के साथ समय व्यतीत किया। रामायण की इस बात से सीख मिलती है कि व्यक्ति को हर परिस्थिति में संयम बरतना चाहिए। जो व्यक्ति सुख एवं दुख में संयम और धैर्य बनाए रखता है।वह जीवन की हर एक आपदा का सामना कर पाता है।

प्रभु श्री राम अपने जीवन में सफल थे और सफलता के लिए उन्होंने कुछ खास नहीं किया था। बस मानवीय दिलो को जीतने का कार्य किया था। कभी प्यार से तो कभी व्यवहार से। एक इंसान के रूप में हम सभी की अलग - अलग सोच हो सकती हैं लेकिन हम सभी सफल होना चाहते हैं। आपका व्यवहार ही आपकी सफलता के हर मार्ग को सरलता से खोल देता हैं। आपका दूसरों के साथ सही व्यवहार आपको शत-प्रतिशत सफलता दिलवा सकता हैं।

बहुत से ऐसे लोग हैं जो सफल होना चाहते हैं लेकिन ज़रूरत से अधिक शर्मीले, संकोची और सामाजिक व्यवहार के दौरान ही असफल हो जाते हैं। मानव जीवन में संबंध स्थापित करना वो भी सही ढंग से, ये आपकी व्यवहार कला का एक नमूना होता हैं। हम कई बार सामने वाले की भावना समझ ही नहीं पाते हैं। ऐसे में हम उससे गलत ढंग से पेश आते हैं।

व्यवहार में कभी हम अपना घमंड बीच में लेकर चलते आते हैं तो कभी अपना स्वार्थ। हम केवल हमारा ही भला करने की सोचते हैं। आपने देखा होगा की आप अपने जीवन में जिस इंसान से मिलते हैं वह अपने आप को एक महत्वपूर्ण इंसान समझता हैं। वह चाहता हैं की आप उसकी

तरफ ध्यान दें, उसकी बात को ध्यान से सुने। और आपको ऐसा ही करना चाहिए। भले ही वो व्यक्ति उस समय के लिए आपके लिए उपयोगी ना हो लेकिन आपने उसको दिखा दिया की वो कितना महत्वपूर्ण इंसान हैं आपके लिए तो वह आपकी इज्जत हमेशा करेगा।

आप किसी के साथ भी बुरा बर्ताव नहीं करें क्यूंकि ऐसा करते समय आप स्वयं को नीचे गिरा लेते हैं। जब आपका काम एक मुस्कुराहट और अच्छे बर्ताव से पूरा हो सकता हैं तो आप बुरा बर्ताव मत कीजिये ।

लोगो पर भरोसा करना सीखिए। भरोसा एक चुम्बक की तरह होता हैं आप जितना भरोसा करेंगे, सामनेवाला आपकी तरफ उतना ही आकर्षित होगा। जब आप किसी पर भरोसा कर रहे होते हैं तब बोलचाल के दौरान अगर आपको सामनेवाले की कोई बात ठीक नहीं लगती हैं तब भी मुस्कुरा कर आप उसको सहमति दीजिये। ऐसा करने से आपको अपनी वाणी पर संयम प्राप्त होगा वरना हो सकता हैं की आप उसे कुछ बुरा भला कह दें।

आप जब किसी से मिलते हैं तो आपके मिलने का उद्देश्य क्या है ? क्या आप किसी कार्य से मिल रहे हैं या सिर्फ मित्रवत मिल रहे हैं। आप जिस तरह से मिल रहे हैं वैसे ही मिलिए। अगर हर चीज़ को आप एक साथ मिक्स कर देंगे तो आपकी बातचीत की शुरुवात ही गड़बड़ हो जाती हैं।

अगर आप किसी से मिलते हैं। अगर सामनेवाला व्यक्ति उम्र में बड़ा हैं तो आप उसकी बात सुनियें, क्यूंकि सुनने से ज्ञान ही बढ़ता हैं और उम्र में बड़े व्यक्ति को लगता हैं की आपने उसे उचित सम्मान दिया। भविष्य में वह व्यक्ति आपके किसी कार्य में साथ दे सकता हैं। और यदि वो व्यक्ति उम्र में छोटा हैं फिर भी आप उसे उचित सम्मान दीजिये। उसे नीचे ना दिखाएं।

एक अच्छे व्यक्तित्व का राज़ ये हैं की आप किसी को भी अपनी उपस्थिति से ही आकर्षित कर लीजिये। आप बेवज़ह अच्छे व्यक्ति होने का दिखावा मत कीजिये। लोगो को आपके सामने खुलने का मौका दीजिये ताकि वह व्यक्ति भी अपनी बात सही तरीके से आपके सामने रख सकें। हो सके तो उसकी बात सुनते समय उससे कुछ सवाल कर

लीजिये ताकि लगे की आप उसकी बातों में रूचि ले रहे हैं।

इस संसार में हर व्यक्ति केवल बोलना चाहता हैं लेकिन सुनना नहीं चाहता हैं जबकि सुनना आपकी बुद्धिमानी को दर्शाता हैं। जब आप सुनते हैं तब आप लोगो का विश्वास प्राप्त कर लेते हैं। क्यूंकि लोगो की नज़र में तब आप एक समझदार और स्मार्ट व्यक्ति बन जाते हैं।

कभी कभार ऐसा भी होता है की अधिक बोलने से आपकी पोल खुल जाती हैं और पोल तब खुलती हैं जब आपको किस विषय के बारे में जानकारी कम होती हैं। सफल लोग हर इंसान को मौक़ा देते हैं की वो खुलकर बोले और स्वयं को वो लोग शांत रखते हैं अर्थात खामोश ही रखते हैं। सामनेवाला जितनी बात करेगा उसके भीतर का ज्ञान और सारी बात एक-एक कर आपके सामने आता रहेगा।

देखियें आपको सिर्फ सुनना नहीं है बल्कि बोलनेवाले की तरफ देखते रहना होता हैं अन्यथा उसे लगेगा आप उसकी बात पर ध्यान नहीं दे रहे हैं। उसकी बात में ऐसे खो जाओ जैसे वो कोई बेहतरीन कहानी सुना रहा हैं।

अगर आप किसी की प्रशंसा भी करते हैं तो दिल से कीजिये। उसमे बनावट नज़र नहीं आनी चाहिए। जो प्रशंसा करे साफ़ आवाज़ में करें उसमे कंजूसी नज़र नहीं आनी चाहिए। हो सकें तो उसका नाम लेकर धन्यवाद कहें।

अगर आप किसी की आलोचना भी कर रहे हैं तो इस बात का ध्यान रखें की आप उसकी आलोचना एकांत में कीजिये। और आलोचना किसी भी व्यक्ति के कार्य की करें ना की उस इंसान की करें। एक गलती के लिए केवल एक ही बार आलोचना करें।

प्रभु श्री राम का जीवन जीना सरल हैं उनके आदर्शों को अपनाकर आप जीवन के किसी भी क्षेत्र में सफलता प्राप्त कर सकते हैं। ज़िंदगी केवल के बार ही मिलती हैं। यहाँ से आपको कुछ लेकर जाना हैं तो आपको उस कहानी को लेकर जाना हैं जिसे दुनिया आपके जाने के बाद भी लोगो को प्रेरित करने के लिए सुनाती रहे।

सफलता का नियम ये कहता हैं की जब तक आप सफल ना हो जाओ तब तक आपको रुकना नहीं है। कुछ तो लोग छोटी - छोटी

सफलता प्राप्त कर लेने के बाद विश्राम करने लग जाते हैं जो की उन्हें नहीं करना चाहिए। सफलता का उत्सव अवश्य मनाईये लेकिन थोड़े ही समय में अपनी अगली मंजिल की तरफ बढ़ चलिए। क्यूंकि आपने अगर ऐसा समझ लिया की बस इतना ही काफी हैं अब आगे कुछ और नहीं करना हैं। उस दिन आप समझ लेना की आपका विकास रूक जाएगा।

कुछ ऐसे भी लोग हैं जो जो सफलता के बेहद करीब होते हैं लेकिन हार मान लेते हैं की अब उन्हें सफलता नहीं मिलनेवाली है। आपको अंतिम समय तक प्रयास करते रहना चाहिए। अगर आपका लक्ष्य बड़ा हैं तो मेहनत और समय भी आपकी उम्मीद से कहीं अधिक लगनेवाला हैं। प्रभु श्री राम के जीवन से आप सीख सकते हैं की उन्होंने छोटी सी सफलता मिलने के बाद उसका उत्सव नहीं मनाया बल्कि अपने अगले लक्ष्य की तरफ एक मुस्कान लिए निकल पड़ते थे। जब माता सीता का हरण होता हैं तब तो उन्हें अपने लक्ष्य के बारे में भी नहीं पता था की सीता का हरण किसने किया और कहा लेकर गया ?

माता सीता की तलाश में यानी जब अपने लक्ष्य की तरफ प्रभु श्री राम निकलते हैं तब मार्ग में उनकी भेंट जटायु से होती हैं जो उन्हें बतलाता हैं की माता सीता का हरण रावण ने किया हैं। उसके बाद श्री राम की भेंट उनके परम प्रिय भक्त हनुमान फिर सुग्रीव, जामवंत और अंत में विभीषण से होती हैं। इस तरह सफलता की तलाश में वो अपने लक्ष्य तक पहुंच जाते हैं।

मार्ग में निराश होकर रुकनेवाले इंसान को ना सफलता मिलती हैं और ना ही उसका लक्ष्य। उसे तो समाज भी ठुकरा देता हैं। संसार केवल जीते हुए लोगो को अपने गले लगता हैं। हारनेवाले को तो हार (माला) भी नसीब नहीं होती हैं।

सफलता के पथ पर निकले कुछ लोग तो केवल परिस्थति से ही घबरा कर हार मान लेते हैं। जबकि जो लोग विपरीत परिस्थितियों में भी सकारात्मक सोचते हैं, उनके जीवन की कई परेशानियां कम हो जाती हैं। आप नकारात्मक होकर अपने लक्ष्य को प्राप्त नहीं कर सकते हैं। आपको हर समय सकारात्मक होना चाहिए। नकारात्मक विचार से आप मानसिक तनाव का शिकार हो जाते हैं और आपकी सोचने समझने की

शक्ति समाप्त हो जाती हैं।

आप नकारात्मक कब होते हैं ? उस समय जब आपका सामना किसी विपरीत परिस्थिति से होता हैं। ऐसे में नकारात्मकता आपके दिल और दिमाग पर हावी होकर आपके सोचने समझने की शक्ति को कमज़ोर कर देती है। ऐसे समय में लोग घबराकर गलत निर्णय भी ले लेते हैं। गलत निर्णय आपके किये गए सभी कार्य को पलभर में शून्य कर देता हैं।

जब कभी आप इस तरह की परिस्थिति पड़ जाएं। तब आपको घबराना नहीं हैं। आपको शांत रहकर स्वयं पर विश्वास करना हैं। आपके शांत मन और आत्मविश्वास को लेकर आगे बढ़ना हैं, क्यूंकि शांत मन और आत्मविश्वास से ही बड़ी-बड़ी परेशानियों को दूर किया जा सकता है। शांत मन वाले लोग किसी भी काम में आसानी से सफलता हासिल कर लेते हैं।

पहली बात तो ये हैं की आप विपरीत परिस्थिति से घबराते क्यों हैं ? आपके जीवन में विपरीत परिस्थिति मात्र के तूफ़ान की तरह है जो अधिक समय तक नहीं रहनवाली हैं। आपको घबराकर अपना कार्य बिगड़ना नहीं हैं बल्कि जब भी इस तरह की बाधाएं आती हैं, आपको सबसे पहले परेशानियों की जड़ को समझना चाहिए, वजह को पहचानें और उसके बाद उसे हल करने की कोशिश करें। क्यूंकि इस संसार में ऐसी कोई समस्या नहीं हैं जिसका समाधान नहीं हैं। समस्या और समाधान दोनों इसी संसार के हैं और आप इस संसार के वो प्राणी हैं जो अपनी सूझबूझ से बड़ी से बड़ी समस्या को भी सुलझा सकते हैं। यही सफलता का मूल मंत्र भी होता हैं।

कई बार ऐसा भी होता हैं की आप कोई कार्य की शुरुवात एक उत्साह के साथ तो करते हैं लेकिन कुछ समय बाद आपका उत्साह कम होने लगता हैं। ऐसा इसलिए होता हैं क्यूंकि आप शीघ्र ही सफलता प्राप्त कर लेना चाहते हैं जो की आसान नहीं होता हैं। इसलिए जब आप अपने लक्ष्य की तरफ समय पर नहीं पहुंच पाते हैं तब आपके भीतर बेचैनी बढ़नी लगती हैं और आप का जोश फीका पड़ने लगता हैं। सफलता का मंत्र ये कहता हैं की आपको लक्ष्य मिलने तक आपके भीतर का उत्साह

बनाये रखना हैं।

जब तक आप काम करते रहते हैं तो काम आसान लगता है, जब आप आलसी हो जाते हैं तो आपका काम भी मुश्किल हो जाता है। हम आलसी भी इसलिए हो जाते हैं क्यूंकि हमें अपने ऊपर विश्वास नहीं होता हैं की ये काम हम कर सकते हैं। जबकि इस संसार का कोई ऐसा कार्य नहीं हैं जो हम नहीं कर सकते हैं। हर कार्य करने के पीछे आपका ध्यान केंद्रित होना चाहिए। आप गलती ये करते हैं की एक लक्ष्य की तरफ बढ़ रहे होते हैं की उसी समय आपके किसी परिचित का कोई लक्ष्य आपको दिखलाई पड़ जाता हैं और आपको लगता है की आपका वाला लक्ष्य तो कठिन हैं लेकिन मेरे परिचित वाला लक्ष्य सरल है।

आप अपना लक्ष्य छोड़कर उसके लक्ष्य की तरफ बढ़ जाते हैं। ऐसे में आपको शुरू से शुरू करना पड़ता हैं। अब आप दोनों ही लक्ष्य के बीच में उलझ गए। जानते हैं क्यों ? क्यूंकि आप एक साथ कई जगाय ध्यान केंद्रित करने लग गए। जबकि अआप्को एक समय में एक ही लक्ष्य पर ध्यान केंद्रित करना था।

आप अपनी सफलता और सफलता के लिए स्वयं ही जिम्मेदार होते हैं। आपकी सोच आपकी ज़िंदगी की दशा और दिशा बदलती हैं। खुद को ताकतवर समझ लोगे तो सफल हो सकते हो। कमज़ोर इंसानो को तो उनकी परछाई भी छोड़ देती हैं। इस बात को आप समझ लीजिये की स्वयं को कमज़ोर समझना किसी पाप से कम नहीं हैं।

आपको क्या लगता है की आपको सफलता सरलता से प्राप्त हो जाएगी ? जी, नहीं। आप किसी कार्य की शुरुवात करेंगे तो एक नहीं सौ बढ़ाएं आएंगी। कभी - कभी तो इतनी बड़ी बढ़ा आ सकती हैं की आप उस कार्य को पूरा करने का विचार ही छोड़ सकते हैं। आपका संकल्प, आपका धैर्य टूट सकता हैं। लेकिन आपको अपना धैर्य बनाये रखना हैं। शांत रहना हैं। समझदारी से काम लेना हैं।

श्री राम के राज्याभिषेक की सभी तैयारियां पूरी हो चुकी थीं। अयोध्या की प्रजा बहुत खुश थीं। श्री राम के रूप में उन्हें एक ऐसा राजा मिलने वाला था जो प्रजा का प्रिय हैं। हर चीज़ अनुकूल थीं। लेकिन नियति तो कुछ और ही खेल रच रही थीं।

राज्याभिषेक से ठीक पहले उस रात, राम को बेहद प्रेम करनेवाली माता कैकयी भी मंथरा की बातों में फंस जाती हैं। मंथरा ने कैकयी को प्रभु श्रीराम के खिलाफ ऐसा भड़काया कि वे कोप भवन में जाकर बैठ गईं। पीछे - पीछे राजा दशरथ भी कोप भावना पहुंच जाते हैं। तब कैकयी अपने उन दो वरदानो की मांग करती है जिसमे राजा दशरथ बुरी तरह फंस जाते हैं। पहला, भरत को राज्य और दूसरा, राम को 14 वर्षों का वनवास।

राजा दशरथ ने कैकयी को समझाने की हर संभव कोशिश की, लेकिन कैकयी अपना संतुलन खो चुकी थीं। वो अपनी बात अड़ी रहीं। हार मान कर राजा दशरथ ने ये बात श्रीराम को बताई। श्रीराम ने पूरी बात ध्यान से सुनी और हँसते हुए वनवास के लिए निकल पड़ें।

जिस समय श्रीराम का राज्याभिषेक होना था, उसी समय राम को वनवास जाना पड़ा, लेकिन वे इस बात से भी निराश नहीं हुए थे। उन्होंने धैर्य रखा और सकारात्मक सोच के साथ इस बदलाव को स्वीकार किया।

इस घटना से आप सीख सकते हैं की आपका समय कभी भी बदल सकता है, इसलिए हर परिस्थिति के लिए तैयार रहना चाहिए। जो भी विपरीत परिस्थिति हो उसका डंटकर सामना करना चाहिए। जैसा की आप जानते हैं की हर समस्या में समाधान छुपा होता हैं और समस्या आपको आपकी ज़िंदगी में बेहतर बनाने के लिए आती हैं। हर घटना में कुछ ना कुछ बेहतर छुपा होता है जो आपको बाद में पता चलता हैं।

मैं कोई महान इंसान नहीं। लेकिन अपने जीवन से जितना सीखा हैं वो इस पुस्तक में आपको हर प्रकार के उदाहरण से समझाने के प्रयास किया हैं। इस पुस्तक से अगर आप एक भी बात सीख उसका अनुकरण करते हैं तो ये मेरे लिए ख़ुशी की बात होगी।